Müller · Liebe und Zölibat

Wunibald Müller

LIEBE UND ZÖLIBAT

Wie eheloses Leben gelingen kann

Matthias-Grünewald-Verlag · Mainz

2. Auflage 1994

© 1994 Matthias-Grünewald-Verlag, Mainz
Das Werk einschließlich aller seiner Teile ist urheberrechtlich geschützt. Jede
Verwertung außerhalb der engen Grenzen des Urheberrechtsgesetzes ist ohne
Zustimmung des Verlages unzulässig und strafbar. Das gilt insbesondere für
Vervielfältigungen, Übersetzungen, Mikroverfilmungen und die Einspeiche-
rung und Verarbeitung in elektronischen Systemen.

Umschlag: Heinz Kirsch und Kristine Buckel, Wiesbaden
Abbildung: © Sieger Köder, Franziskus tanzt mit Frau Armut
Satz/Typografie: Atelier Michel Beer, Mainz
Druck und Bindung: Wagner, Nördlingen

ISBN 3-7867-1776-1

INHALT

PROLOG

> Leben ist das bißchen Zeit, die unserer
> Freiheit geschenkt wurde, um zu lernen
> zu lieben und uns auf die nie zu Ende
> gehende Begegnung mit der Ewigen
> Liebe vorzubereiten.
>
> *Abbé Pierre*

„Wenn der Menschensohn Gehorsam lernt durch die Dinge, die er erlitt, dann können wir sicher sein, daß er Intimität erlernt hat durch die Menschen, die er liebte. Die Evangelien bestätigen uns, daß Jesus intime Freunde hatte, Maria Magdalena, Petrus, Martha und Maria von Betanien, die geliebten Jünger und andere. Er liebte und wurde geliebt, er berührte und wurde berührt. Er hatte Beziehungen, die nicht nur öffentlich waren und er entging nicht bösartiger Argwöhnung eifersüchtiger Beobachter. Er erfuhr Verrat und Unterstützung, und er war nicht in der Lage, alle Konflikte in seinen Beziehungen zu lösen. Einer seiner Freunde beging Selbstmord aufgrund der ungelösten Komplexität in ihren Beziehungen, und andere seiner Freunde gaben ihr Leben hin wegen ihrer Beziehung zu ihm. Jesus gibt uns nicht das Beispiel eines frigiden und rigiden Zölibates ab. Er schützte sich nicht vor intimen Beziehungen vor Männern und Frauen durch Kleidung, Titel, Lebensstil, Verhalten oder bestimmte Einstellungen. Jesu Leben ruft uns nicht auf zur Sicherheit ständiger affektiver Kindheit. Er fordert uns heraus, tief zu lieben, und auf eine solche Herausforderung zu reagieren heißt, Fehler zu riskieren, heißt zu leiden, heißt, sich auf Enttäuschungen mit uns selbst und mit anderen einzulassen, ja selbst auf wirkliche Tragödien. Nicht darauf zu reagieren heißt, sich nicht zu entscheiden, nicht zu leben. Ein ungelebtes Leben aber ist keine Einladung, die irgendjemanden interessieren würde. Sowohl unsere Fähigkeit zur Intimität mit Gott, dem wir unser Leben geschenkt haben, als auch unsere Fähigkeit, entsprechend dem Evangelium zu leben und andere zu lieben, hängt von der Entwicklung unserer eigenen emotionalen Gaben ab. Jesu letzte Botschaft an seine Jünger schloß ein unvergleichbares Selbst-Geschenk ein: „Ich nenne euch nicht länger Sklaven: sondern ich nenne euch Freunde" (Joh15). Das gilt auch für seine letzte und eigentlich einzige Aufforderung, nämlich andere zu lieben, wie er uns geliebt hat."

Sandra Schneiders

VORWORT

> Wer den Ruf Jesu hört, braucht nicht die
> Liebe aus seinem Herzen zu werfen. Er
> muß vielmehr von Grund auf menschlich
> bleiben.
>
> *Pierre Teilhard de Chardin*

Aus religiösen Motiven heraus zölibatär zu leben, kann meiner
Ansicht nach nur dann sinnvoll sein, wenn dadurch nicht
erschwert, gar verunmöglicht wird, jemanden zu lieben, sondern es dadurch ermöglicht, ja geradezu gefördert wird, jemanden zu lieben. Zölibatär zu leben, auf die Ehe oder eine sexuelle
Beziehung zu verzichten, ist für sich allein keine Tugend.
Zölibatär zu leben, um auf *diese* Weise andere lieben zu können,
sie wirklich zu lieben, kann sehr wohl eine Tugend sein.
Dabei gehören Liebe und Zölibat zusammen. Ein Zölibat, dem
die Liebe fehlt, das als Verzicht auf Liebe, als Ausdruck von
Distanz gegenüber den Mitmenschen, als Rückzug von der Welt
und Wirklichkeit und einhergehend damit als ein Abtauchen in
die himmlischen Sphären verstanden wird, verbreitet Sterilität
und Enge. Ein solches Zölibat kann auch Ausdruck von
menschlicher Unreife und Mangel von Bereitschaft, sich um das
wirkliche Leben zu kümmern, sich ihm wirklich zu stellen, sein.
Ein solches zölibatäres Leben hinterläßt in der Regel auch einen
faden Geschmack. Von ihm geht etwas aus, das den Eindruck
des Unerlösten, Sterilen, Unnahbaren hinterläßt und sich in
offensichtlicher Gehemmtheit und Beziehungsstörung nieder-
schlägt. Im Gegensatz zu jenem zölibatär lebenden Menschen,
von dem ein Wohlgeruch zu mir herüberweht, eine Reife unserer Begegnung die Würze gibt, der mir als jemand gegenüber-

tritt, der im vollen Bewußtsein und in voller Berührung mit seinem Innersten, einschließlich seiner sexuellen Kraft, ja sagt zu seinem Lebensstil, und dessen Leben Liebe, Intimität, Fruchtbarkeit und Lebendigkeit zuläßt, ausstrahlt und fördert. Und das, weil er Liebe zuläßt, weil er liebt. Es ist auch die Liebe des zölibatär lebenden Menschen, die entscheidend dazu beiträgt, daß sein zölibatäres Leben gelingen kann.

Die Liebe, um die es hier geht, ist zölibatär. Es ist eine Liebe, die in einem bestimmten Kontext, in einer bestimmten Lebensperspektive steht. Es ist zunächst einfach Liebe, die sich von einer anderen Liebe nicht unterscheidet. Zugleich ist es aber auch eine Liebe, die ihre Tiefe und Leidenschaft erst dann ganz zum Ausdruck bringen kann, wenn sie eine zölibatäre Liebe ist. Das Ziel einer zölibatär lebenden Person ist, so Donald Goergen (1979,215), die zölibatäre Liebe. Sexuell genitale Liebe dient diesem Ziel nicht. Sexuelle Liebe, jetzt verstanden als eine Liebe, in der die gefühlsmäßige Seite der Sexualität zugelassen wird, kann diesem Ziel dienen, genital sexuelle trägt nicht dazu bei.

Was ich zum Thema Liebe und Zölibat zu sagen habe, erhebt nicht den Anspruch abgerundet oder zu Ende gedacht zu sein. Ich begnüge mich damit, Eindrücke, Bilder, Ansichten, Erfahrungen zu dem Themenbereich zu sammeln und vorzustellen. Manche Aspekte behandle ich dabei ausführlicher, andere erwähne ich nur. Die eine Aussage mag eine andere Aussage von mir relativieren oder ihr gar widersprechen. Ich will kein ausgereiftes, gar wissenschaftliches Werk über „Liebe und Zölibat" vorlegen. Ich beschränke mich darauf, mein Wissen über zölibatäre Liebe und meine Erfahrung mit Menschen, die versuchen, zölibatär zu leben, zusammenzufassen und vorzustellen, in der Absicht, damit andere zu ermutigen, sich davon ansprechen zu lassen und entsprechend ihrer Situation weiterzudenken und zu entwickeln. Ich will damit, Menschen, die sich bemühen, zölibatär zu leben, helfen. Ich will das tun, indem ich aus meiner Sicht als Theologe und Psychotherapeut aufzeige, was zum Gelingen zölibatären Lebens beitragen kann.

Als Psychotherapeut, vor allem auch für Priester und Ordensleute, bin ich ganz nahe an der Lebenssituation zölibatär lebender Menschen und glaube gerade auf diesem Erfahrungshintergrund auch, ihnen etwas sagen zu können. Auf der anderen Seite bin ich verheiratet, und es fehlt mir daher auch eine Erfahrungsweise, die jene, die zölibatär leben, haben. Das kann Vorteile und Nachteile haben. Als einer, der in einer Ehe lebt, kann ich immer wieder Parallelen zur Ehe herstellen, wo sie mir als gegeben erscheinen. Ich mag aber an Grenzen kommen, wo es darum geht, sich ganz in die Situation zölibatär lebender Menschen einfühlen zu können. Da aber auf der anderen Seite in meinen Ausführungen viele zu Wort kommen, die zölibatär leben, glaube ich auf diese Weise auch die direkte Erfahrung dieser Menschen immer wieder in mein Denken und meine Darlegungen miteinbezogen zu haben.

Mein Hauptinteresse konzentriert sich darauf, darzulegen, wie aus einer pastoralpsychologischen Sicht, und das heißt für mich aus einer psychotherapeutischen und einer spirituellen Perspektive, ein zölibatäres Leben möglich ist und gelingen kann. Wichtige Quellen sind für mich neben meinen eigenen Erfahrungen und Informationen, die ich durch zahlreiche Gespräche und psychotherapeutische Begegnungen mit zölibatär lebenden Menschen gewonnen habe, die Veröffentlichungen von Richard Sipe (1992), Donald Georgen (1979), Sandra Schneiders (1986) und Mary Anne Huddleston (1984).

Meiner Frau danke ich für ihr kritisches Durcharbeiten des Manuskriptes und wertvolle Korrekturvorschläge. Ich widme dieses Buch den Priestern und Ordensleuten, die in den vergangenen drei Jahren als Gäste im Recollectio-Haus in Münsterschwarzach weilten und in besonderer Weise meinem Freund Anselm Grün, der im Januar 1995 50 Jahre alt wird.

Wunibald Müller

1. KAPITEL

EHE UND ZÖLIBAT –
VERBINDLICHER RAHMEN UND KUNSTWERK

> Der wahre Liebhaber der Kunst fühlt,
> daß er sich zum Künstler erheben muß,
> um das Werk zu genießen.
>
> *Wolfgang v. Goethe*

1. ZUSAMMENLEBEN KANN JEDER

Friedrich Dürrenmatt sagt von der Ehe in Abhebung von einem Zusammenleben ohne Ehe: „Zusammenleben kann jeder... Ehe ist immer ein Kunstwerk, wie eine Staatsgründung. Für mich ist die Ehe ein kreativer Akt. Man versucht etwas zu schaffen, einzuhalten. Zusammenleben, da hast du immer eine Hintertür... Ehe ist ein Rahmen, in dem ungeheuer viel Kreatives möglich ist" (in: Kerr 1992,157f.).
Überträgt man Friedrich Dürenmatts Aussage auf das Zölibat, dann heißt das für mich, daß in der eindeutigen Verpflichtung auf ein Leben ohne Ehe, unter Einbeziehung des Verzichtes auf genitale Sexualität, ein Rahmen abgesteckt werden kann, in dem viel Kreatives möglich ist. Entscheidend dabei ist, daß *ich* mich auf einen verbindlichen Rahmen einlasse, dem ich mich stelle und den ich gestalte, von dem ich mich, was seine Gestaltung und Kultivierung betrifft, anregen und anstecken lasse. Ein Rahmen, von dem ich mich zugleich auch herausfordern und formen lasse.
Das macht die Dynamik und das Faszinierende aus, die in der Aussage von Friedrich Dürrenmatt über die Ehe liegen. Ich

gestalte von der Ehe her mein Leben und ich lasse mich auf die Ehe hin formen. Ich werde um etwas erweitert und bereichert und ich werde dabei zugleich ausgerichtet, dabei möglicherweise auch eingeschränkt. Diese ständige Dynamik, einerseits vom vorgegebenen Rahmen angeregt zu werden, zugleich mich aber auch auf den Rahmen hin auszurichten, und die damit einhergehenden Erfahrungen von Ergänzung, Erfüllung auf der einen Seite und Begrenzungen und Verzicht auf der anderen Seite, halten mich in Bewegung, fordern meine Phantasie und Kreativität heraus. Sie tun das gerade auch dann, wenn ich mich auf der Suche nach dem Ersehnten, dem Vermißten, innerhalb des vorgegebenen Rahmens bewege. Kreative Menschen, sagt Rollo May (1981,241f.) klopfen bei der Stille an, um Musik zu hören. Sie sind bereit, das Chaos, die Komplexität, die Perplexität in ihnen und um sie herum zu ertragen, um in ihr eine tiefere Form zu finden.

So gesehen kann ein vorgegebener, verbindlicher Rahmen das eigene Wachstum fördern, kann er helfen, den angezielten Lebensstil, die persönliche Ausrichtung auf etwas hin positiv zu beeinflussen. Er kann zur persönlichen Vertiefung und Erweiterung beitragen. Er kann dazu einladen, alle meine Kreativität auf die von ihm vorgegebenen und zugleich durch ihn sich ergebenden Möglichkeiten zu konzentrieren, ja dazu beizutragen, daß ich mit dieser Kreativität in Berührung komme und sie für die Gestaltung meines Lebens innerhalb dieses Rahmens fruchtbar mache. Das kann mühevoll sein und zugleich auf spielerische Weise geschehen.

Was dabei für den jeweiligen Menschen herauskommt, kann dann ein Kunstwerk sein, mal mehr, mal weniger gelungen. Allein, wer vermag schon zu entscheiden, ob ein Kunstwerk gelungen ist oder nicht? Es ist vor allem etwas, das einen Ausdruck von mir darstellt und sich etwas wirklich Eigenes von mir darin zeigt. Zugleich ist es Ausdruck meines Mühens und

Kämpfens, erfüllter Sehnsucht und unstillbaren Verlangens. Und es ist, solange es etwas ist, das von mir gestaltet wird und von dem ich mich formen lasse, ständigen Veränderungen und Verwandlungen unterworfen.

In all dem bleibt der Rahmen sichtbar, scheint er durch. Manchmal weniger stark, manchmal noch kaum erkennbar, dann wieder deutlich und unübersehbar. Rahmen-Überschreitungen lassen sich nicht verbergen. Sie *können* das Kunstwerk verschönern, sie können es aber auch entstellen bis dahin, daß sie es zerstören, wenn sie den bisherigen Rahmen endgültig sprengen.

2. BIS DASS DER TOD UNS SCHEIDET – DIE GLEICHRANGIGKEIT VON EHE UND ZÖLIBAT IN BEZUG AUF IHRE VERBINDLICHKEIT

Wenn ich vom zölibatären Leben spreche, dann ist es wichtig zu wissen, daß ich nicht vom zölibatären Leben an sich spreche, sondern vom zölibatären Leben als einer Lebensform, zu der sich jemand aus religiösen Motiven entscheidet. Er oder sie geben dieser Entscheidung einen verbindlichen Charakter, indem sie sie in Form eines Versprechens oder Gelübdes bestärken und nach außen hin kundtun. Das heißt der Entscheidung, zölibatär zu leben, kommt das gleiche Gewicht zu wie der Entscheidung, in der Form einer Ehe, mit einem Partner oder einer Partnerin, zu leben. Beide Entscheidungen kennen den gleichen Grad an Verbindlichkeit. Beide haben einen öffentlichen Charakter, beide stellen Lebensweisen dar, die durch das Sakrament, beziehungsweise Gelübde und Versprechen in einem besonderen religiösen Kontext stehen. Ein Kennzeichen dieser als einen öffentlichen Lebensstil der Kirche gewählten Lebensform Zölibat ist die Enthaltung von genitaler Sexualität.

Das aber heißt, die Entscheidung, in der Form eines kirchlich öffentlichen Lebensstils zölibatär zu leben, unterscheidet sich von jenem Verständnis von Ehelosigkeit, das meint, zum Beispiel vorübergehend ohne einen Partner zu leben. Im Sinne eines kirchlich öffentlichen Lebensstils zölibatär zu leben schließt die Offenheit für eine Beziehung, die auf eine Lebensgemeinschaft hinausläuft, die die genitale sexuelle Dimension einschließt, aus.

Bis daß der Tod uns scheidet. Hinter dieser Aussage steht eine Dynamik, die – ernstgenommen – eine Wucht und Kraft entwickelt, die – vielleicht einmal – im Endlosen oder Unendlichen zur Ruhe kommt, zugleich aber ja auch zum Unendlichen, Ewigen hintreibt. Mit einem anderen Menschen den Weg der Entfaltung zu gehen, die jeweils eigene Entfaltung sozusagen zuzuspitzen in dem Prozeß der Entfaltung als Paar – das kann gar nicht ohne Herausforderung gehen. Da fliegen nur so die Spähne, gilt es doch, dem Anspruch, „der und die zu werden, die zu werden wir bestimmt sind", jetzt auf dieser Grundlage des Zwei-Seins statt Eins-Seins gerecht zu werden.

Es darf und soll dabei zu keinem billigen Verschnitt kommen. Das Ja zueinander soll vielmehr Ausdruck der dem einzelnen zugedachten und ihm beziehungsweise ihr gemäßen Selbst-Entfaltung sein. Daß es sich hier um eine Lebensaufgabe handelt, daß das Schwerstarbeit sein kann, daß das mit Schmerzen, Einbußen, Beschränkungen verbunden sein kann, ist offensichtlich. Allein das ist die notwendige Voraussetzung dafür, damit aus zwei im guten Sinne „ein Fleisch" werden kann, und das in einer Weise, daß dabei der einzelne nicht entstellt wird, sondern in dem, was ihn ausmacht, um das Neue erweitert, darin noch mehr er oder sie selbst wird.

Genauso radikal ist in meinen Augen die Entscheidung, zölibatär zu leben, zu sehen. Sie ist eine endgültige Entscheidung mit der Wirkkraft auf die Ewigkeit hin, und auch sie bedarf für ihre Umsetzung ein ganzes Leben. Weiter steht auch sie im Dienst der Selbst-Entfaltung des einzelnen. Sie stellt zugleich eine mitunter tief ins Fleisch schneidende Herausforderung dar, die unumgänglich sein kann. Entscheidend ist hier bei der Entscheidung, zölibatär zu leben wie, bei der Entscheidung, lebenslang miteinander als Frau und Mann zu leben, daß die notwendigen und wichtigen, mitunter schmerzlichen Entwicklungs- und Entfaltungsprozesse nicht gleichzusetzen sind mit Erfahrungen und Vorgängen, die den einzelnen Schaden zufügen, ihn, sie, letztlich verunstalten, ihm, ihr, Gewalt antun, etwas verbiegen, statt in die ihr, die ihm gemäße Form zu bringen.

Wichtig ist mir, mit dem Gesagten deutlich zu machen, wie immer ich mich entscheide: Es handelt sich in jedem Fall um eine fundamentale Entscheidung, also um eine Entscheidung, die mit meinen Grundlagen, mit meiner Existenz an sich zu tun hat und die von daher auch von meinem Fundament her bestimmt sein muß, zugleich aber auch Auswirkungen auf mein Innerstes hin hat, bis dahin, daß sie mein Fundament erschüttern kann. Manchmal vermag erst eine Erschütterung dazu beitragen, daß sich alles so ausrichten kann, wie es stimmig, gemäß ist, Festgefahrenes, das den natürlichen normalen Prozeß behindert, dabei zusammenfällt und so die Voraussetzung für neues, inneres Wachsen ermöglicht.

Bis daß der Tod uns scheidet. In der Perspektive des Lebenslänglichen, (die mit der Assoziation an das Gefängnis zunächst auch erschrecken kann), offenbart sich, so gesehen, eine radikale Integrations- und Gestaltungskraft, die bei aller Härte, Ausdauer und Disziplin, die dafür gefordert ist, auch etwas Faszinierendes und tief Beglückendes in sich birgt und mit sich bringen kann.

3. Für die Trennung von Priesteramt und Zölibat

Ich erinnere mich an ein Gespräch, das ich als Jugendlicher mit Karl Rahner führte und in dessen Verlauf ich auch lange mit ihm über das Zölibat sprach. Karl Rahner sagte in diesem Gespräch: Wenn wir nicht genügend Priester für das Feiern der Eucharistie haben und sich diese Situation ändert, wenn das Zölibat für die Priester nicht mehr verpflichtend ist, ist eine Entkoppelung von Priesteramt und Zölibat notwendig. Für ihn war die Gewährleistung der Eucharistiefeier der eindeutig höhere Wert.

Ich möchte mich aus einer pastoralpsychologischen Sicht dafür aussprechen, Priesteramt und Zölibat voneinander zu trennen. Ich kann mich des Eindrucks nicht erwehren, daß viel Leid, viel Depression, viel Hoffnungslosigkeit auf der einen Seite und Unwahrhaftigkeit, Doppelbödigkeit und Heuchelei auf der anderen Seite im Zusammenhang mit dem Zölibat in die Herzen vieler Priester eingezogen sind.

Ich sage das als jemand, der Ja sagt zu seiner Kirche und der unzähligen Männern und Frauen begegnet ist, die als Zölibatäre wegen des Zölibats viel zusätzlich Schmerzvolles und Dunkles in ihrem Leben erfahren haben. Der zölibatäre Weg soll in der Kirche weiterhin eine mögliche, ja wichtige Form der Lebensverwirklichung darstellen. Allein für das Gros der Priester ist er offensichtlich nicht der Weg, der ihrer Lebensverwirklichung und darin auch ihrer Selbst-Verwirklichung entspricht. Ich will an dieser Stelle nicht Begründungen anbringen, auf Statistiken hinweisen, ernstzunehmende und weniger ernstzunehmende Berichte über Zölibatsverletzungen zitieren. Ich will einfach aus Liebe zu den Priestern *und* zu meiner Kirche meine Stimme einbringen und darum bitten, um der von Gott geschenkten Menschlichkeit willen die Zölibatsverpflichtung für Priester aufzuheben. Ich sehe hier soviel Not, soviel Leben im Verborgenen, soviel Un-Heiliges und Un-Heilvolles.

Es gibt Ausnahmen – und es sind mehr als allgemein angenommen –, wo es eine Wohltat ist, zölibatär lebende Menschen zu erleben. Von ihnen geht etwas Wohltuendes aus. Sie gereichen anderen und ihrer Kirche zum Segen. Ich glaube auch, daß von Priestern, die den Zölibat nicht leben, die gescheitert sind, Gutes, Ehrliches, Positives ausgehen kann. Wie auch von jedem Scheitern – auch in der Ehe – Wirkliches, Ehrliches und auch Heilvolles ausgehen kann. Allein, es ist aber auch viel Unehrliches und Unheilvolles damit verbunden.

Männer und Frauen, die aus Überzeugung zölibatär leben, sind ein Beispiel dafür, wie wichtig ein zölibatäres Leben sein kann, wieviel Ausstrahlung und Schaffenskraft von dem Menschen ausgehen kann, der sich auch zu einem zölibatären Leben berufen fühlt. Auch ihm wird auf dem Weg dahin, diese Berufung zu verwirklichen, ins konkrete Leben umzusetzen, nichts geschenkt. Auch von ihm verlangt es ein Einüben und ständiges Vergegenwärtigen und Festigen dieses Lebensstils. Aber all das ruht auf einer Grundlage, auf die das zölibatäre Leben paßt. Im Gegensatz zu jenen, die ihr zölibatäres Leben auf einem Fundament aufgebaut haben, das sich dafür nicht eignet, beziehungsweise die etwas gebaut haben, ohne genau hinzuschauen, ob das Fundament dafür taugt, die nötige Grundlage dafür abgibt oder aber nicht.

Mir geht es darum, daß wieder mehr Befreiendes, Bejahendes, Hoffnungsvolles von unseren Priestern ausgeht. Daß wieder mehr Offenheit, Echtheit, Transparenz ihr Kennzeichen ist, daß sie nicht mehr soviel verstecken, im Verborgenen leben müssen. Mir geht es darum, daß die Kraft und Ausstrahlung, die von Offenheit und Echtheit ausgehen, das Leben unserer Priester und das Leben in der Kirche wieder mehr beseelt. Wenn sie fehlen, ist das nicht allein auf das Zölibat zurückzuführen. Aber, so möchte ich behaupten, zu einem großen Teil.

Man mag mir entgegenhalten, daß mein Blick durch die Menschen, die in Not zu mir kommen, verdunkelt sei, mein Herz dadurch so sehr beschwert sei, daß ich in einer unzulässigen Weise verallgemeinere. Ich möchte in dieser Angelegenheit meinen Gefühlen trauen und dem, was ich weiß, sehe und ahne. Das aber ist: Vom zölibatären Leben unserer Priester geht augenblicklich mehr Ungelebtheit, Unfreiheit, Unglaubwürdigkeit, Leblosigkeit als Lebendiges, Hingebungsvolles, Offenes, Freies, Segensreiches aus. Die Ausstrahlung und Überzeugungskraft, die von denen ausgeht, die in der Lage sind, zölibatär zu leben, verblaßt angesichts der Schwierigkeiten, Not, Verfehlungen der vielen, die nicht zölibatär leben beziehungsweise nicht leben können, obwohl sie nach außen hin weiterhin den Eindruck vermitteln oder als solche gesehen werden, die zölibatär leben.

Die Aufhebung der Zölibatsverpflichtung könnte ein Befreiungsschlag für viele Priester und für die Kirche an sich sein. Sie würde nicht alle Probleme lösen, ja sie würde auch neue schaffen. Die Auflösung der Zölibatsverpflichtung für Priester würde aber gerade im privaten und persönlichen Bereich eine Befreiung und damit einhergehend mehr Offenheit und Echtheit ermöglichen und könnte dazu beitragen, die Lähmung und Leblosigkeit unter Priestern, die auch entsprechende Auswirkungen auf die Seelsorge und die Kirche hat, zu verringern. Dann könnte auch der Glanz jener Zölibatärer, denen es gegeben ist, wirklich überzeugend zölibatär zu leben, deutlicher gesehen werden, das Zeichen darin für das, was über den Tod hinausgeht, besser verstanden und angenommen werden.

Ich stimme mit Karl Rahner überein, der in dem erwähnten Gespräch mit mir auch sagte, daß wir alle sündig und schäbig sind, und von daher eine ideale Verwirklichung von Zölibat – wie auch von Ehe – immer auf der Strecke bleiben wird. Doch ich meine, daß die Not, die Hoffnungslosigkeit und Unwahrhaftigkeit, die als Folge der Zölibatsverpflichtung anzutreffen sind, ein Ausmaß annehmen und vor allem Auswirkungen auf den einzelnen, die Kirche und letztlich auch auf das haben, was Gott durch diese Menschen und seine Kirche bewirken will, die schädlich sind. Wir behindern uns in der Kirche mit dem Zölibat mehr, als daß wir damit das, worum es uns geht, fördern. Die Zahl jener, die nicht in der Lage sind, das Zölibat wirklich zu leben, ist groß. Viel – oft vergebliche – Mühe wird dafür verwandt, zölibatär zu leben. Manche zerreißt dieses Mühen fast, vor allem, wenn es zum ständigen Kampf wird.

Ich spüre in mir einen großen Respekt vor den Männern und Frauen, die mit großem Ernst mit diesen Fragen ringen, weil sie spüren, daß sie es ihrem Leben, ihrer Kirche, und Gott schuldig sind, sich hier nicht auf falsche Kompromisse einzulassen.

4. Der eigenen Integrität wegen: zölibatär leben

Die Zölibatsverpflichtung besteht aber noch, und wie es im Augenblick aussieht, wird sie auch noch für die nächste Zeit weiter existieren. Das aber heißt, jeder, der Priester werden will, muß weiter zölibatär leben. So sehr ich auch gegen eine Verknüpfung von Priestersein und Zölibat bin, solange es diese Verpflichtung gibt, bin ich dafür, daß jemand, der sich als Priester, als Ordensfrau und Ordensmann dafür entschieden hat, zölibatär zu leben, zu dieser Entscheidung steht, diesen Lebensweg als Vorgabe für sich betrachtet und nach bestem Können diesen Pfad beschreitet. Ich bin dafür wegen der Integrität des einzelnen, seiner persönlichen und beruflichen Transparenz und der damit einhergehenden Echtheit und Authentizität. Diese laufen Gefahr, mitunter erheblich beeinträchtigt zu werden, wenn jemand den gewählten Lebenspfad, den er auch nach außen hin und vor Gott als den seinen ausgewiesen und proklamiert hat, verläßt, weiterhin aber so tut, als sei es noch seiner.

Ich weiß, daß das für manche, die davon betroffen sind, hart klingt und sie sich nicht verstanden fühlen, ihre eigene Geschichte, ihr Ringen und schließlich ihre Weise, eine Lösung zu finden, nicht entsprechend gewürdigt sehen. Meine Meinung und Überzeugung hindert mich nicht daran, jenen, die für sich die verschiedensten Lösungen gefunden haben, auch solche, die mit einem zölibatären Lebensweg nicht mehr in Einklang zu bringen sind, mit Respekt und Freundschaft zu begegnen. Ich will und kann an diesem Punkt aber auch nicht eine Überzeugung, die aus einer großen Tiefe in mir kommt, auf die Seite schieben. Es würde für mich nicht stimmen und ich meine, ich würde dann auch manchen eine wichtige Konfrontation vorenthalten. Ob jemand diese Konfrontation annimmt, ist seine bzw. ihre Entscheidung.

Mit meinen Ausführungen über das Zölibat will ich denen Mut machen, die sich auf ein zölibatäres Leben einlassen. Weiter will ich versuchen aufzuzeigen, was meiner Ansicht nach aus einer pastoralpsychologischen Sicht wichtig ist zu beachten, damit ein zölibatäres Leben gelingen kann. Dahinter steht die Einsicht und Überzeugung, daß es möglich ist, auf eine psychisch gesunde Weise zölibatär zu leben. Es gibt allerdings vermutlich keinen direkten, kurzen Weg hin zur Fähigkeit, zölibatär leben zu können. Es bedarf dafür einer langen Zeit des Einübens, eines Prozesses. Es ist ein Weg, der mitunter von viel Mühen, Scheitern, Hinfallen, Wiederaufstehen begleitet ist.

Zölibatär zu leben als eine Weise, sein Leben zu gestalten, wird und soll immer auch eine Form von Lebensstil sein, die von der Kirche gestützt, geschätzt und gefördert wird. In besonderer Weise bieten sich dafür die Ordensgemeinschaften an. Doch unabhängig davon, mit welchem Hintergrund jemand zölibatär leben will, ist es wichtig, zu beachten, daß diese Lebensform einer Formung bedarf, die in der Regel nicht weniger intensiv und dynamisch ist als die Formung, die mit der Befähigung zur Ehe einhergeht.

2. KAPITEL

ZÖLIBATÄRE LIEBE UND SEXUALITÄT

> Das zärtliche Empfinden hat mit dem
> stürmisch bewegten genitalen Liebes-
> leben, von dem es doch abgeleitet ist,
> nicht mehr viel äußere Ähnlichkeit.
>
> *Sigmund Freud*

> Liebe von Sex abzuleiten oder sie damit
> zu identifizieren ist ein schlimmer Fehler.
>
> *Abraham Maslow*

1. DIE VIELEN BEDEUTUNGEN VON SEXUALITÄT

Was ich zum Thema Liebe und Sexualität im Leben zölibatär lebender Menschen zu sagen habe, möchte ich im Kontext der Bedeutung aufzeigen, die das Verlangen nach Beziehung, Annahme und Intimität im Leben eines Menschen ausmacht. Dazu ist es zunächst aber erforderlich, daß ich näher auf die Sexualität und ihre vielfältigen Bedeutungen eingehe.

Sexualität hat zunächst eine Fortpflanzungsfunktion. Jeder von uns schuldet sein Dasein der Tatsache, daß irgendwann in der Geschichte eines Mannes und einer Frau sich die Lücke zwischen beiden schloß. Weiter hat Sexualität offensichtlich auch eine hormonell-physiologische Regulationsfunktion (vgl. Mahr o.J.). Sexualität ist ferner eine Quelle intensivster Erfahrungen von Lust, Entspannung und Vergnügen für den Menschen. Schließlich hat die Sexualität eine kommunikative Funktion. Wie die Sprache dient die Sexualität dem Kennenlernen, dem Austausch von Mitteilungen, der Verständigung. Sie bahnt den Weg für eine Beziehung, sie bringt Menschen zusammen, sie hat etwas Partnerschaft- und Gemeinschaftstiftendes an sich. Weiter ist die Sexualität auch eine der mächtigsten Träger von Eros und seinem Verlangen nach Vertiefung, Erhöhung und Erkennen. Und schließlich tritt die Sexualität in den Dienst der Urbedürfnisse und der Urwünsche des Menschen nach Vereinigung, nach Geborgenheit, nach Beziehung, nach Annahme und Nähe.

Läßt man diese ganze Palette von Funktionen und Bedeutungen der Sexualität auf sich wirken, dann weitet sich das Bild der menschlichen Geschlechtlichkeit. Sie wird dann nicht länger auf das sexuelle Zusammensein oder die orgasmische Erfahrung reduziert. Doch alle diese Erklärungsversuche reichen natürlich immer noch nicht aus, die Buntheit, Breite und Tiefe dessen, was Sexualität eigentlich ist, zu erfassen. Solche Versuche fallen aber bereits breiter beziehungsweise ganzheitlicher aus als manche Erklärungen beispielsweise aus der Systematischen Theologie, die aus Gründen der präzisen Formulierung Sexualität auf genitale Akte reduzieren und damit ebensowenig das treffen, was Geschlechtlichkeit wirklich meint, wie manche Untersuchungsergebnisse von Sexualforschern. Man denke etwa an Masters und Johnson, bei denen man zuweilen den Eindruck gewinnt, Sexualität bestehe lediglich aus Orgasmen, bestimmten Stellungen und Penetrationen.

Wenn ich dagegen Sexualität breiter und ganzheitlicher ansehe und betrachte, werde ich nicht nur der Sexualität gerecht, ich werde damit auch dem mehr gerecht, was Geschlechtlichkeit im Leben eines Menschen ausmacht.

2. Von der Buntheit und Tiefe der Sexualität

Über Sexualität kann man im Grunde genommen nur wie von einem Sonnenaufgang oder einem Sonnenuntergang erzählen. Erst die Erzählung, die an der Stimmung, an Gefühlen, an eigenen Erlebnissen und Erfahrungen interessiert ist, nicht aber an klaren Definitionen, spitzfindigen Formulierungen und Schlußfolgerungen, vermag etwas von der Buntheit, der Tiefe, dem Geheimnisvollen der Geschlechtlichkeit zu vermitteln. Erst dann mag man dafür auch offen sein, daß Sexualität etwas ist, das mit dem ganzen Menschen zu tun hat und das von daher gesehen auch über das genital Sexuelle hinaus im Leben eines Menschen eine Rolle spielt und zum Ausdruck kommt.

Sexualität kann bereits in einer flüchtigen Begegnung zweier Menschen anwesend sein, wenn zwei Menschen sich anschauen und spüren, daß ein Funke von einem zum anderen überspringt. Ja in jeder bedeutenden Begegnung wird in der Regel auch eine sexuelle Komponente vorhanden sein. Aus der Psychotherapie beispielsweise wissen wir, daß wenn sich eine Person in der therapeutischen Beziehung erotisch angezogen fühlt, die andere Person in der Regel das gleiche empfindet. Und wenn „der Therapeut das Erotische nicht als eine der Weisen von Kommunikation akzeptiert, wird er beim Ratsuchenden nicht auf das hören, auf das er eigentlich hören sollte, mit der Folge, daß er eine der wichtigsten Kräfte für die Veränderung in der Therapie preisgibt" (May 1983, 21f.).

Was ich meine, wird durch die Aussage des nordamerikanischen Komponisten Leonard Bernstein bekräftigt, der sinngemäß gesagt hat: Als Dirigent ist es wichtig, eine Art sexuelle Liebesbeziehung zu seinem Orchester zu haben. Erst in der totalen Offenheit füreinander kann die Energie und Dynamik entbunden werden, die eigentlich da ist. Erst dann ist jene Art von Vertrauen möglich, die Voraussetzung dafür ist, daß ich mich dem jeweils anderen ganz öffnen kann. Erst dann treffe ich auf das Wesentliche und ermögliche auch damit, daß das Saftige, das Sinnenfrohe, das Lebendige, das Farbenprächtige sich in unserer Beziehung entfalten und zum Ausdruck bringen kann. In einer Begegnung kann Sexualität als ein prickelndes Gefühl, als eine zwischen zwei Menschen hin- und hergehende Schwingung, die leicht dosierte Sinnlichkeit versprüht, erfahren werden. Es findet so etwas wie ein Sich-Verlieben statt. Die andere Person spricht mich an, auch, weil sie bei mir etwas auslöst, das mich als Person, auch als geschlechtliches Wesen, berührt. Gerade *weil* meine Sexualität sich nicht auf irgendeinen Bereich, etwa den Genitalbereich, oder den Geschlechtsverkehr, reduzieren läßt, sondern untrennbar mit mir als ganzem Menschen verwoben ist, kommt sie da mit ins Spiel, wo ich als ganzer Mensch angesprochen bin beziehungsweise mich als ganzen Menschen ansprechen lasse.

Auf der anderen Seite mag gerade ein Verhalten, von dem man gängigerweise der Meinung ist, das sei Sexualität, wenig mit menschlicher Geschlechtlichkeit zu tun haben. Es wird bei manchem expliziten sexuellen Verhalten eher zutreffen, von Sex und nicht von Sexualität zu sprechen, da bei diesem Verhalten nicht die ganze Person angesprochen wird.

3. Die Sexualität ist nicht die alles bestimmende
   Dimension im Menschen

Wenn ich Liebe für jemanden empfinde, wenn ich gegenüber jemandem zärtlich bin, wenn ich jemand anderen berühre, wenn ich mich für eine Sache einsetze, kann in all dem etwas von meiner Sexualität durchscheinen. Allein, diese Zärtlichkeit, diese Berührung, dieses Verlangen nach jemanden läßt sich nicht, wie das Sigmund Freud nahelegt, auf mein eigentlich zutiefst in mir vorhandenes Verlangen nach einer sexuellen orgasmischen Erfahrung mit einem anderen zurückführen. Würde man das so sehen wie Freud, dann müßte man sagen, der Mensch sei eine *sexuelle* Person, bei dem die sexuelle Dimension die alles bestimmende Seite ausmacht, bis dahin, daß Liebe, Zärtlichkeit, ja selbst die Liebe der Eltern gegenüber den Kindern auf die an ihrem Ziel blockierte genitale Sexualität zurückzuführen ist.

Eine Gegenposition, gegenüber der Festlegung des Menschen als eine *sexuelle* Person, streitet nicht nur den Vorrang der sexuellen Dimension im Gesamt des Lebens einer Person ab, sie ist auch nicht bereit, das stark genital geprägte und gefärbte Verständnis von Sigmund Freud von Sexualität zu übernehmen.

Sigmund Freud sieht nämlich die vollverwirklichte Sexualität in der genital vollzogenen Sexualität. Der nach Befriedigung drängende Trieb, auch Libido genannt, erfährt erst dann seine Auflösung, wenn er im sexuellen Orgasmus seinen Höhepunkt und seine Vollendung zugleich erreicht hat. Was darunter bleibt, dem kann nicht die Fülle der Sexualität zugesprochen werden. Freud spricht in diesem Zusammenhang von zielgehemmter Sexualität. So meint er (vgl. Freud 1978,394), das zärtliche Empfinden „hat mit dem stürmischbewegten, genitalen Liebesleben, von dem es doch abgeleitet ist, nicht mehr viel äußere Ähnlichkeit". Weiter meint er: „Liebe nennt man die Beziehung zwischen Mann und Weib, die aufgrund ihrer genitalen Bedürfnisse eine Familie gegründet haben, Liebe aber auch die positiven Gefühle zwischen Eltern und Kindern, zwischen den Geschwistern in der Familie, obwohl wir diese Beziehung als zielgehemmte Liebe, als Zärtlichkeit, beschreiben müssen. Die zielgehemmte Liebe war eben ursprünglich vollsinnliche Liebe und ist es im Unbewußten des Menschen noch immer."

Das aber ist nicht meine Sichtweise. Wenn ich sage, daß in so vielem, was zunächst nicht nach Sexualität aussieht, sie dennoch vorhanden ist und durchscheint, dann meine ich damit: Die Sexualität kann als Sexualität in einer Begegnung, in einem Interesse für etwas, im Ausdruck von Liebe, in einer spirituellen Erfahrung erlebt und zum Ausdruck gebracht werden. Sie ist dann aber nicht nur ein Rest dessen, wonach es sie eigentlich drängt, ein Ersatz dafür, letztlich unvollkommene Sexualität oder zielgehemmte Liebe, sondern wirkliche Sexualität. Freilich jetzt nicht eine Sexualität, die auf den Genitalbereich reduziert wird, sondern eine Geschlechtlichkeit, der es danach verlangt, sich in und über alle Bereiche, die das Personsein ausmachen, zum Ausdruck zu bringen. Sie kennt dabei auch durchaus genital-sexuelle Aspekte, läßt sich aber darauf nicht reduzieren. Die Sexualität erhält auch von den anderen Dimensionen, die das Leben eines Menschen ausmachen, Energie und Impulse, wird auch von ihnen mitbeeinflußt, wie sie ihrerseits auf die anderen Dimensionen des Lebens wie Liebe, Spiritualität und Eros einwirkt.

4. Die Gefühlsmässige und genitale Dimension der Sexualität

Die Sexualität ist ein königlicher Weg, Vergnügen und Lust zu erfahren und zu erspüren. Zugleich schafft sich in dieser Erfahrung unser Verlangen nach Intimität, nach Annahme und Beziehung Bahn. Während sich im Verlangen nach Beziehung und Intimität die *gefühlsmäßige* Dimension der Sexualität zeigt, kommt in dem Bedürfnis nach der Erfahrung von Lust die *genitale* Dimension der Sexualität zum Ausdruck. So sehr es wichtig ist, beide Bedürfnisse und Wünsche auseinanderzuhalten, eine totale Trennung könnte dazu führen, daß wir nicht in der Lage sind, die zu lieben, mit denen wir eine sexuelle Beziehung haben oder mit denen eine sexuelle Beziehung einzugehen, die wir lieben (vgl. Goergen 1979,75).

Doch obwohl die gefühlsmäßige und die genitale Dimension der Sexualität in Beziehung zueinander stehen und auch miteinander verwoben sind, sind sie nicht identisch. Man kann sie zwar nicht voneinander trennen, aber sie lassen sich voneinander unterscheiden. Das hat Konsequenzen für den, der meint, Sexualität lasse sich auf Genitalität reduzieren wie für jenen, der davon ausgeht, die gefühlsmäßige Seite der Sexualität könne so ohne weiteres ihre genitale Dimension aussparen.

Dennoch ist es möglich, die gefühlsmäßige Seite der Geschlechtlichkeit zu erfahren und zu leben, ohne daß das notwendigerweise in die genitale Sexualität führt. Auf der anderen Seite wird aber auch deutlich, wie schnell ein Übergang von gefühlsmäßiger in genitale Sexualität möglich ist.

5. Die Sehnsucht nach Beziehung, Annahme und Intimität ist stärker als die Sehnsucht nach genitaler sexueller Erfahrung

Die Sehnsucht nach Beziehung, nach Annahme, nach Bestärkung, nach Intimität ist gewaltiger als die Sehnsucht, beziehungsweise das Bedürfnis nach Sexualität an sich (vgl. May 1969, 311). Das Verlangen nach Beziehung, Annahme und Intimität, auch als Ausdruck der gefühlsmäßigen Dimension der Sexualität, ist gewaltiger, weil es sich entwicklungsgeschichtlich gesehen früher in unserem Leben herausbildet. Das Verlangen nach genitaler Sexualität wird erst danach, in der Pubertät, ausgebildet. Dieses Bedürfnis ist zwar auch tief in uns verankert, aber es sitzt sozusagen den in der Kindheit gemachten Erfahrungen von Nähe und Intimität auf.

Das aber heißt auch, daß die Erfahrung genitaler Sexualität nocheinmal eine ganz andere Dimension und Erfahrungsweise hat, wenn sie eine Ausdrucksform dieser Erfahrung von

Annahme und Intimität ist. So kann die genital-sexuelle Begegnung eine Weise sein und sie kann dabei eine geradezu königliche Weise sein, bei der das Bedürfnis und das Verlangen nach Beziehung, Annahme und Intimität erfüllt wird. Wenn im sexuellen Zusammensein die Offenheit für die Erfüllung dieser Bedürfnisse und Sehnsüchte nach Beziehung, Annahme und Intimität vorhanden ist, dann kann das sexuelle Zusammensein zu einem Höhepunkt werden, bei dem so etwas wie ein Sakrament von Intimität erlebt und gefeiert werden kann. So fragt auch Teilhard de Chardin (1981, 273): „Erreichen zwei Liebende je einen vollkommeneren Besitz von sich selbst, als in dem Augenblicke, in dem – wie sie sagen – einer sich im andern verliert?"

Das Bedürfnis und Verlangen nach Beziehung, Annahme und Intimität kann in der sexuellen-genitalen Beziehung erfahren, gelebt und gefeiert werden. Zugleich kann dieses Bedürfnis aber auch auf andere Weisen als der genitalen Begegnung befriedigt und erfüllt werden. Ist dieses Verlangen nach Beziehung und Intimität „gestillt", dann ist eine Seite der Sexualität, nämlich die gefühlsmäßige Seite, befriedigt, in dem Sinne, daß sie gewürdigt, zugelassen und gelebt wird. Und es ist die Seite der Sexualität, deren „Befriedigung" innerhalb der Bedürfnishierarchie der menschlichen Bedürfnisse *vor* der Befriedigung der genitalen Sexualität kommt. Das heißt, sie ist von grundsätzlicherer Bedeutung für die Entwicklung und Verwirklichung des Menschen als die „Befriedigung" der genitalen Sexualität. Wenn ich das in Anlehnung an Abraham Maslow sage, dann bin ich mir durchaus bewußt, daß eine künstliche Trennung von genitaler und gefühlsmäßiger Sexualität auch problematisch ist. Andererseits kann diese Unterscheidung die Aussage von Abraham Maslow (1970, 107) verständlicher machen, daß der Verzicht auf gelebte genitale Sexualität nicht notwendigerweise zu psychischen Schäden führt.

6. Intimität und Zölibat

Auch für die zölibatär lebende Frau und den zölibatär lebenden Mann ist es möglich, auch sie haben den Anspruch, dieses tief in ihnen angelegte Verlangen nach Beziehung, Annahme und Intimität zu verwirklichen, also die gefühlsmäßige Dimension der Sexualität in ihrem Leben zuzulassen und zu leben. Das ist eine Sichtweise, die man lange nicht entsprechend gewürdigt hat. Hier wurde das tief in uns angelegte Bedürfnis und Verlangen nach Beziehung, Annahme und Intimität vielfach gleichgesetzt mit dem Verlangen nach genitaler Sexualität. Oder aber es wurde angenommen, daß dann, wenn die gefühlsmäßige Seite der Dimension, wenn Intimität, Berührung zugelassen wird, das unweigerlich in die genitale Sexualität führt. Das kann so sein, doch das muß nicht so sein. Die Befürchtung, aus zugelassener emotionaler Sexualität entstehe gleichsam wie selbstverständlich das Verlangen nach genitaler Sexualität, hat vielfach dazu geführt, daß das Zulassen von Beziehungen und Intimität von vornherein vermieden wurde (vgl. Müller 1990).

Es ist nicht von der Hand zu weisen, daß zugelassene emotionale Intimität in die genitale Sexualität führen kann. Zuweilen hat man den Eindruck, daß manche Zölibatäre sich selbst und ihrem Partner beziehungsweise ihrer Partnerin in dieser Hinsicht etwas vormachen. Das ist dann der Fall, wenn eine Beziehung im Grunde genommen zu einer auch genital sexuellen Liebesbeziehung geworden ist, in der die sexuelle Attraktion zum einen, die gegenseitige Abhängigkeit, die Exklusivität der Beziehung und der Stellenwert, der der Beziehung zugesprochen wird, zum anderen, so stark ausgeprägt sind, daß man nicht mehr von einer zölibatären Freundschaft sprechen kann, die sich darauf beschränkt, die gefühlsmäßige Seite der Sexualität zuzulassen und zu leben. Auf der anderen Seite kann gerade auch das Zulassen der gefühlsmäßigen Dimension der

Sexualität in tiefen, bedeutungsvollen, nicht genital sexuellen Beziehungen zu einer Stabilisierung des Zölibats beitragen, insofern in solchen Beziehungen durch die Erfahrung von Intimität die genitale Sexualität auf die ihr zustehende Bedeutung und Rolle verwiesen wird.

Wenn die gefühlsmäßige Seite der Sexualität als Intimität in bedeutungsvollen Beziehungen zu Männern und Frauen erfahren wird, kann die Macht genitaler Sexualität an Kraft verlieren. Damit ist freilich kein Wundermittel gefunden worden, das jetzt das „Zölibatsproblem" lösen würde. Wenn die gefühlsmäßige Dimension der Sexualität im Leben zölibatär lebender Menschen entsprechend gewürdigt wird, weitet sich aber der Blick für die Möglichkeiten, die auch ein zölibatär Lebender, bezogen auf tiefe bedeutungsvolle Beziehungen und seine Sexualität hat. Zunächst hat er einmal grundsätzlich die Möglichkeit, in tiefen, bedeutungsvollen Beziehungen zu leben und darin die gefühlsmäßige Dimension seiner Sexualität zuzulassen und zu erfahren. Und er ist nicht dazu verurteilt, ohne jemanden leben zu müssen, vor dem er wirklich der sein darf, der er ist. Diese Männer und Frauen sind nicht dazu verurteilt, die Sexualität aus ihrem Leben zu verbannen. Vielmehr können sie sie in bedeutungsvollen Beziehungen zulassen und ihre gefühlsmäßige Seite darin auch erfahren. Der zölibatär Lebende und die zölibatär Lebende können weiter Sexualität als Sprache, als eine Weise der Kommunikation leben, wenn sie in die Beziehung zu anderen auch das, was sie als sexuelles Wesen ausmacht, mit einbringen: ihre Gefühle, ihren Eros, ihre Sinnlichkeit, ihren Charme. Sie können das „gewisse Etwas" in der Begegnung mit anderen zulassen, damit aber die Begegnung beseelen, beleben, zu etwas den anderen und sie Ansprechendem machen.

Er und sie können weiter ihre Sexualität zulassen und leben, wo sie sich vom anderen Geschlecht – oder im Falle des homosexuellen Menschen vom gleichen Geschlecht – angezogen fühlen, damit aber aus sich selbst, ihrem Selbst herausgerissen werden und sich und die andere Person auf eine tiefere Weise erkennen. Die Sexualität kann sie dann mit Seiten von sich in Berührung bringen und diese dann auch zunehmend leben lassen, die sie mehr ganz machen, das bisher Vernachlässigte, noch nicht Entfaltete, jetzt nachholen, sich entwickeln, leben lassen. Er und sie dürfen auch körperliche Nähe, Berührung, Umarmung, Zärtlichkeit erfahren. Sie dürfen dankbar die Gefühle und Empfindungen zulassen, die dabei entstehen, und diese auch einmal genießen. Verzichten müssen sie auf die stärkste Kraft der Sexualität, die durch sie vermittelte Möglichkeit der Menschwerdung, der Zeugung neuen Lebens. Das ist ein großer Verzicht – vielleicht sogar der größte.

Groß ist auch der Verzicht, der damit einhergeht, der Lust und Erfahrung von Entspannung zu entsagen, die mit der orgastischen Erfahrung verbunden sein kann. Gerade in diesem Bereich werden nicht wenige die größten Probleme haben. Oft müssen hier die Selbstbefriedigung oder gelegentliche sexuelle Kontakte herhalten, um dem Druck, dem Verlangen nach Entspannung, nach orgastischer Lusterfahrung gerecht zu werden. Das bleibt bei vielen ein wunder Punkt, auch dann, wenn sie viele andere Möglichkeiten – wie die Erfahrung von Intimität durch bedeutungsvolle Beziehungen – genutzt haben.

7. MÖGLICHKEITEN UND GRENZEN VON INTIMITÄT UND SEXUALITÄT

Dem zölibatär Lebenden sind in der Erfahrung und Verwirklichung von Intimität mehr Grenzen gesetzt als beispielsweise dem Verheirateten. Jemand, der sich entscheidet, als Priester oder Ordensfrau zölibatär zu leben, entscheidet sich auch dafür, daß für seine und ihre Beziehung die Tiefe und Exklusivität, wie sie für eine innige, intime Beziehung zwischen einem Paar wünschenswert ist, nicht typisch ist. Er und sie wissen, beziehungsweise müssen davon ausgehen, daß sie sich nicht für einen Lebensstil entscheiden, der die Erfahrung von Intimität gewissermaßen fördert, gar mit zum Ziel hat – was für die Ehe durchaus gilt.

Es ist auf der anderen Seite aber nicht ein Lebensstil, der ein Nein zur Intimität darstellen soll. Ich will damit sagen, so sehr es wünschenswert und in einer gewissen Weise auch notwendig ist, daß zölibatär Lebende auch in ihren zwischenmenschlichen Beziehungen Intimität erfahren, so sehr ist es auch ein Kennzeichen und Ausdruck ihres von ihnen gewählten Lebensstiles, daß ihnen in den zwischenmenschlichen Beziehungen nicht die Fülle von Intimität möglich ist, die andere erfahren mögen und für erstrebenswert erachten. Das gilt insbesondere für die körperliche und in einer gewissen Weise auch für die emotionale Intimität. Allein, auch wenn der Zölibatär auf die Fülle der Intimität verzichtet, bewußt darauf verzichtet, verzichtet er nicht auf die Intimität an sich, beziehungsweise muß und darf er nicht darauf verzichten. Ja er kann es gar nicht, will er seiner menschlichen Situation gerecht werden und letztlich auch seiner Berufung. So vermag ich mich menschlich nur zu entwickeln und zu entfalten, wenn ich die weichen und intimen Seiten in mir zulasse und entsprechend meinem Lebensstil diese Seiten auch in der persönlichen und seelsorglichen Beziehung zu anderen zulasse, um schließlich und vor allem in der Beziehung zu Gott dann auch als Zölibatär die Fülle von Intimität zuzulassen und zu erfahren.

3. KAPITEL

ICH-WERDUNG, DU-FINDUNG UND SELBST-TRANSZENDIERUNG – VORAUSSETZUNGEN FÜR ZÖLIBATÄRE LIEBE

> Jemand wird in dem Maße Gott ähnlich, in dem er sein unverwechselbares, unwiederholbares eigenes Ich artikuliert. Heiligkeit bedeutet: sich selbst finden und ausfalten. Wer nicht er selber wird, hat nicht gelebt.
>
> *Thomas Merton*

Zölibatär zu leben bedarf der Einbettung in den Gesamtprozeß menschlicher Entfaltung. Die Entscheidung, zölibatär zu leben und dann der Versuch, es tatsächlich zu leben, muß eingewoben sein in die entscheidenden menschlichen Entwicklungsprozesse, soll diese Seite des Lebens nicht wie aufgesetzt wirken, gar den üblichen und normalen Prozeß behindern.

An drei Beispielen innerhalb der im Laufe eines Lebens aufeinanderfolgenden psychosozialen Phasen will ich aufzeigen, wie wichtig es ist, bei der Entscheidung, zölibatär zu leben und dann für das Leben als Zölibatär beziehungsweise Zölibatäre, diese Entwicklungsschritte zuzulassen, sich ihnen zu stellen und sie nicht zu umgehen. Es sind die Phasen der Identitätsfindung, der Intimitätsbefähigung und der Generativität.

Es dürfte dabei deutlich werden, daß gerade diese Entwicklungsschritte einen besonderen Bezug zum zölibatären Leben herstellen lassen und von ihnen her für den Psychologen Aussagen zum Zölibat, seiner Lebbarkeit und Bedeutung möglich sind, die von Theologen entsprechend gewürdigt werden sollten.

1. ICH-WERDUNG: SICH SELBST FINDEN UND ENTFALTEN

Die Phase der *Identitätsfindung* markiert die lebensgeschichtlich gesehen wichtige Übergangsphase zwischen dem Vorerwachsenenalter – die Zeit bis etwa 20 – und der sich anschließenden Phase des frühen Erwachsenenalters.

Im Prozeß der Identitätsbildung geht es unter anderem darum, eine psychosoziale Identität zu finden, die hilft, das, was ich als innerlich stimmig erachte und will, in eine äußere, auch gesellschaftlich anerkannte Form zu bringen. So ist es zum Beispiel bei der Entscheidung, Priester, Ordensmann oder Ordensfrau zu werden, wichtig, daß diese Entscheidung sich mit aus meiner Identität herauskristallisiert und in dieser Entscheidung meine Identität sich fortsetzt, verstärkt wird.

Es bedarf des genauen Erspürens und Hinschauens, ob und inwieweit bei solchen Entscheidungen mein Innerstes, mein Selbst mit beteiligt ist. Diese Entscheidungen müssen vor meinem Innersten bestehen können. Dazu bedarf es der Selbst-Erfahrung, was zunächst einmal meint: Mir mein Selbst vertrauter zu machen, damit ich es bei den das ganze Leben bestimmenden Entscheidungen mit einbeziehen kann. Thomas Merton (1951, 24) sagt: „Für mich bedeutet heilig sein: ich selbst sein."

Immer wieder gilt es, in der Phase der Identitätsfindung auf jene tiefe Stimme in mir zu achten, jene tief aus mir kommenden Gefühle, die mich an meinen Lebenstraum erinnern, die in mir die Sehnsucht nach dem wach halten, wozu ich mich letztlich berufen fühle. Von dem ich, oft unbewußt, zutiefst überzeugt bin, nämlich, daß darin mein Leben lebenswert wird, ich darin die Erfüllung meines tiefsten Verlangens erfahre.

Bezogen auf das spätere zölibatäre Leben heißt das auch, wach zu sein für jene Stimmen und Gefühle in mir, die es mich vorstellen lassen und darin meinen möglichen Lebensweg sehen, zölibatär zu leben. Das heißt, daß ich wach dafür bin, ob ich in meinem inneren Spüren, Priester oder Ordensfrau zu werden, auch ein vages Spüren vernehme, zölibatär zu leben. Ob also aus dieser Tiefe des mir eigenen geheimnisvollen Zentrums, für das auch mein Selbst steht, ein Impuls in dieser Richtung wahrzunehmen ist. Denn ein aus einer solchen Tiefe entstandener Impuls kann weit tragfähiger sein für ein zölibatäres Leben als noch so viele von außen an mich herangetragenen rationalen Begründungen dafür.

Immer wieder gilt es also auch zu erspüren, ob zölibatär zu leben auch aus meiner Mitte herauskommt, Teil meiner existentiellen Identität ist, die, so Erik Erikson (1988,95), den numinosen Mittelpunkt meiner Existenz darstellt. Was der Psychologe Erik Erikson numinosen Mittelpunkt der Existenz nennt, könnte aus der Sicht des Glaubenden im Sinne von Thomas Merton (1951,24f.) formuliert und verstanden werden, der sagt: „Gott läßt uns die Freiheit, das zu sein, was wir wollen. Wir können wir selber sein oder nicht. Ganz nach unserem Belieben. Das Problem jedoch ist dies: *Da Gott allein das Geheimnis meiner Eigenwesentlichkeit kennt, kann er allein mich wirklich zu dem machen, der ich bin.*"

Wie ich selbst nur dann mit meinem geheimnisvollen Zentrum, dem, was Gott mir zugedacht hat, in Berührung kommen kann, wenn ich mich für dieses Geheimnis öffne, dazu bereit bin, es zu verstehen und dann in mein Leben umzusetzen – auch wo ich daraus den Ruf zu einem zölibatären Leben spüre – so wird dem geistlichen Begleiter, Spiritual und Psychotherapeuten der Blick in die eigentliche Tiefe, das Innerste versperrt bleiben, wenn ihr auch notwendiger klarer Blick nicht irgendwann zum geduldigen Schauen wird, offen und bereit, sich von dem überraschen zu lassen, was das geheimnisvolle Zentrum des einzelnen von sich mitteilen will.

2. DIE BEDEUTUNG DER ICH-WERDUNG FÜR DIE STABILITÄT DER ENTSCHEIDUNG, ZÖLIBATÄR ZU LEBEN

Nur wenn der Zölibat nicht als ein Anhängsel beispielsweise des Priesterseins verstanden wird, wenn der innere Ruf dazu und die innere Bereitschaft dafür nicht minder groß ist als der innere Ruf und die innere Bereitschaft, Priester zu werden und zu sein, besteht eine große Chance, daß jene, die sich für ein zölibatäres Leben entscheiden, auch in der Lage sind, ein insgesamt glückliches und psychologisch gesundes Leben zu führen. Ein Leben, das vor ihnen selbst, in den Augen Gottes und gegenüber der Außenwelt bestehen und dabei auch ein Zeichen sein kann. Wo das nicht gegeben ist, besteht die Gefahr, daß das zölibatäre Leben immer wieder Grund zu großer innerer und äußerer Not Anlaß gibt, eine ständige Quelle von Konflikten ist, die letztlich das, was es bewirken sollte, pervertieren.
Wer sich hier vorbeimogelt, sei es als Betroffener, sei es in der Ausbildung als Novizenmeister, Spiritual oder Regens, sei es als Vorgesetzter – Bischof, Oberer, Oberin – muß sich nicht wundern, wenn später etwas anderes als tendiert gelebt wird. Ein uneingeschränktes Ernstnehmen auch des Rufes zu einem zölibatären Leben hat darüber hinaus zur Folge, daß ich in Kauf nehme, daß ich, wenn ich den Ruf, Priester oder Ordensfrau zu werden, spüre, nicht aber den, zölibatär zu leben, einen anderen Weg einschlagen muß. Es sei denn der Ruf, zum Beispiel Priester zu werden, ist so tief, daß ich aus dieser Tiefe heraus, ohne mir etwas vorzumachen, ein reifes, von meinem Leben durch-

drungenes Ja zum zölibatären Leben sprechen kann. Ansonsten ist in einer gewissen Weise die Situation vergleichbar mit der von Frauen, die in sich den Ruf, Priester zu werden spüren, aber angesichts der (augenblicklichen) Unmöglichkeit, das umzusetzen, andere Formen suchen und wahrnehmen müssen, um diesem Ruf annähernd nachzukommen. Daß eine so radikale Betrachtungsweise angesichts der augenblicklich allgemein recht zurückhaltenden Bereitschaft und Offenheit für ein zölibatäres Leben die Zahl der Priesteranwärter noch kleiner werden läßt, ist offensichtlich. Allein, das ist in meinen Augen ein letztlich nicht vermeidbarer Preis, den ich zahlen muß, meine ich es wirklich ernst mit dem zölibatären Leben, messe ich ihm das Gewicht zu, das ich ihm zumessen muß, soll es ein dieses Leben und das ewige Leben wirklich bejahendes Zeichen sein.

3. Du-Findung: Sich verlieren, um sich in der Begegnung von Seele und Leib wiederzufinden

Die Entscheidung, Priester, Ordensfrau oder Ordensmann zu werden und einhergehend damit, zölibatär zu leben, bringt es in der Regel mit sich, daß die Gestaltung der Beziehungen zu Menschen, die potentielle Liebes- und Lebenspartner sein können, anders verläuft als bei jenen, die sich für ein – auch sexuelles – Leben mit einem Partner entschieden haben. Das ist zunächst auch richtig und wichtig. Ausgerichtet am Selbst gehen die angehenden Zölibatäre den Pfad, der in die vom Selbst vorgegebene Richtung führt. Für sie ist es wichtig, dieser vorgegebenen Richtung treu zu bleiben. Zugleich gilt es aber auch weiterhin, sich dabei den Prozessen zu stellen, die für ihre menschlich-psychische Entwicklung anstehen und Voraussetzung dafür sind, daß sie gesamtmenschlich sich weiter entfalten. Das trifft auch auf die sich der Identitätsfindung anschließende

Phase der *Intimitätsbefähigung* zu (vgl. Müller 1993,178). Es ist die Phase, in der es darum geht, fähig zu werden, „sich zu verlieren, um sich in der Begegnung von Körper und Seele wiederzufinden" (Erikson 1988,87). Nachdem ich zu mir gefunden habe, mit meinem Selbst in Berührung gekommen bin und ihm in meinem konkreten Leben und Tun Ausdruck verliehen habe, muß ich mich zurücknehmen, um auf dem Fundament meiner gefundenen Identität mich auf andere einlassen zu können.

Dieses Mich-Aufmachen, um mich auf eine innige Weise mit anderen zu verbinden, mir sie vertraut zu machen, gilt auch für den zölibatär Lebenden. Die ihm von seinem Selbst vorgegebene Richtung deckt den Rahmen dafür ab. Die genital-sexuelle Verschmelzung paßt nicht in diesen Rahmen. Der Verzicht darauf ist aber nicht gleichzusetzen mit dem Verzicht auf Intimität an sich oder der Unfähigkeit zur Intimität. Die Fähigkeit, sich verlieren zu können, um sich in der Begegnung mit anderen wieder zu finden, ist weiter und tiefer zu verstehen. Es meint im letzten die Sprengung der Isolation durch die Fähigkeit, sich so sehr auf einen anderen Menschen oder eine Sache einzulassen, daß ich gleichsam um die andere Person „erweitert" werde, ich mich verlängere, ausdehne, damit und darin zugleich aber auch mich um neue Dimensionen erweitert wiederfinde. Es ist weiter die Geburtsstunde echter Zuneigung und Liebe für eine andere und einen anderen als „Austausch reifer Hingabe" (Erikson 1988,93).

4. DIE BEDEUTUNG DER DU-FINDUNG FÜR DIE
   INTIMITÄTSBEFÄHIGUNG UND HINGABEFÄHIGKEIT

Intimitätsbefähigung als Fähigkeit zur Hingabe – hier wird deutlich, von welch zentraler Bedeutung diese Fähigkeit für Priester und Ordensleute ist und wie gefährdet diese Fähigkeit ist, wenn die Entscheidung, zölibatär zu leben, dazu führt, dem Prozeß der Intimitätsbefähigung auszuweichen. Es ist der direkte Weg in die Isolation, „die Angst, allein und ‚unerkannt' zu bleiben" (Erikson 1988, 92). Sind sie aber zunehmend fähig zur Hingabe, dann sind sie fähig zu tiefen zwischenmenschlichen Beziehungen, dann können sie ihren Dienst im guten Sinne als Hingabe für andere verstehen und vermögen schließlich sich selbst Gott hinzugeben, in ihrer Liebe zu ihm einzutauchen und sich in der intimen, innigsten Begegnung mit ihm zu verschmelzen. Es sind vor allem jene, die zu dieser Hingabe in ihren zwischenmenschlichen Beziehungen, in ihrem Dienst und ihrer Beziehung zu Gott fähig sind, die eine gute Chance haben, in einer Weise zölibatär zu leben, die in ihrem Leben ein Ja zum Leben zum Ausdruck bringt. Im Gegensatz zu jenen, die, ängstlich darauf bedacht, zölibatär zu leben, krampfhaft sich selbst festhalten, aus Angst, sich sonst zu verlieren und als Folge davon im Kreisen um sich selbst eingekerkert bleiben. Ihre Begegnung mit anderen wird dann wie gebrochen, abgebrochen wirken, vermögen sie doch nicht über stereotype, äußere Beziehungen hinaus sich mit anderen innerlich zu verknüpfen, sich in sie einzufühlen, sich mit ihnen für etwas zu erwärmen oder zu begeistern (vgl. Müller 1993,179).

Die Fähigkeit zur Intimität baut auf der gefundenen Identität auf. Für Kenneth R. Mitchell (in: Huddleston 1984,95) ist es „unmöglich, eine sinnvolle Entscheidung bezogen auf das intime körperliche und seelische miteinander Austauschen zu treffen, solange man noch nicht entdeckt hat, was mein Selbst ausmacht und wer ich bin. Man kann eigentlich nicht etwas mit jemandem teilen, mit dem man selbst noch nicht in Berührung ist". Zugleich wird auf der anderen Seite die eigene Identität durch die Erfahrung von Intimität mit einer anderen Person auf eine neue und tiefere Weise erfahren. Wer wir sind, so Sandra Schneiders (1986, 221), finden wir in einem großen Umfang heraus, wenn wir herausfinden, was wir anderen, vor allem denen, die uns besonders nahe stehen, bedeuten.

Während vieles dafür spricht, daß die Entscheidung zum Beispiel Priester zu werden, vor und in der Phase der Identitätsfindung getroffen wird und entwicklungspsychologisch gesehen das dafür auch die „richtige" Zeit sein mag, kann die Entscheidung, zölibatär zu leben, im Grunde genommen erst in der Phase der Intimitätsbefähigung beziehungsweise danach getroffen werden (vgl. Mitchell in: Huddleston 1984,91).

Das heißt, wenn jemand mit 24 oder 25 Jahren zum Priester geweiht wird, kann es sein, daß seine Entscheidung, Priester zu werden, auch entwicklungspsychologisch gesehen auf einem guten Fundament ruht, die Entscheidung – sofern man hier überhaupt von Entscheidung sprechen kann –, zölibatär zu leben, aber eher auf einem sandigen Boden steht. Sie ist dann von jemandem getroffen worden, der letztlich noch gar nicht in Berührung gekommen ist mit dem, worum es im Tiefsten und im Höchsten bei einer Beziehung geht. Also jemand, der auf etwas verzichtet, von dem er im Moment der Entscheidung des Verzichtes gar nicht weiß, geschweige denn spürt, auf was er verzichtet. Das trifft zumindest dann zu, wenn er sich dem Prozeß der Intimitätsbefähigung zu diesem Zeitpunkt noch nicht gestellt hat, ihm die Erfahrungs- und Erlebnisebene von Intimität ein fremdes, unvertrautes Land geblieben ist.

Wen wird es da wundern, wenn zu einem späteren Zeitpunkt – oft um die 30 –, entwicklungspsychologisch gesehen vielleicht sogar zum rechten Zeitpunkt, freilich nach Weihe, Ordination oder Gelübde, einer, der jetzt Intimität erfährt, zur Intimität fähig ist, in Panik, ja Verzweiflung geraten kann? Da ist jemand, der wie aus einem Dornröschenschlaf erwacht, mitunter entsetzt zum ersten Mal wirklich erkennt und von seinem ganzen Menschsein her versteht, auf was er sich eingelassen hat, und der im Grunde genommen erst jetzt die geerdete Entscheidung treffen kann, ob er das will und kann. Jetzt allerdings ist er befrachtet mit bereits eingegangenen Verpflichtungen, denen nicht länger gerecht zu werden mit weitreichenden und tiefen Einschnitten in seinem psychischen, wie sozialen und gesellschaftlichen Leben verbunden ist.

5. Zölibatär zu leben bringt das Risiko mit sich, niemals echte Intimität zu erlangen

Für Sandra Schneiders (1986,218) ist eine für das ganze Leben gedachte Entscheidung, zölibatär zu leben, gefährlich, da in diesem Fall der normale Kontext, in dem Intimität entwickelt und entfaltet werden kann – die Partnerschaft bzw. Ehe – nicht gegeben ist. „Zölibatär zu leben bringt das Risiko mit sich, niemals die Fähigkeit für eine echte Intimität zu erlangen", sagt sie. Es ist nicht genug, fährt sie fort, davon auszugehen, daß Gottes Liebe all unseren menschlichen Hunger stillt und daß die Priester und Ordensleute, die ihren Verpflichtungen gegenüber treu sind, durch Gott von jedem psychischen Schaden bewahrt bleiben, der sich aus ihren Verpflichtungen ergeben kann.

Die Entscheidung, zölibatär zu leben, darf nicht dazu führen, den notwendigen menschlichen Reifungsprozeß zu beeinträchtigen oder gar zu verhindern. Ein Reifungsprozeß, der den einzelnen befähigt, mit seinen Bedürfnissen nach Nähe und Intimität – einschließlich der sexuellen Intimität – in Berührung zu sein und entsprechend seiner Lebenssituation damit umzugehen. Wird dieser Prozeß verhindert, läuft die zölibatär lebende Person Gefahr, zum Opfer dieser Bedürfnisse zu werden, die dann die Tendenz entwickeln, sich in subtiler, verzerrter, kindlicher, schädlicher und ungesunder Weise zu melden und in Szene zu setzen. Ungesunde Abhängigkeit von Oberen beziehungsweise Unterwürfigkeit ihnen gegenüber, autoritäres

Machtverhalten in Arbeitsbeziehungen, Hypochondrie, Eß-sucht, Drogen- und Alkoholabhängigkeit, zwanghaftes Masturbieren, Workoholismus, Perfektionismus, ungesunde Formen ritualisierter Frömmigkeit und rigoroses Festhalten an Gesetzen und Riten sind für Sandra Schneiders einige Erscheinungsformen, die sich auf nicht erfahrene Intimität zurückführen lassen.

Das heißt, die zölibatär lebende Frau und der zölibatär lebende Mann beziehungsweise jene, die sich auf diesen Weg machen, können und müssen den Weg, der zur Intimitätsbefähigung führt, beschreiten, wollen sie, daß ihr zölibatäres Leben eine Form von Liebe darstellt. Für sie ist es wichtig, sich den Krisen zu stellen und die Prozesse zuzulassen, die von der Entwicklung ihrer Person her notwendig sind, um zu echter Intimität und damit zu echter Hingabefähigkeit zu gelangen. Wollen sie den Menschen und schließlich auch Gott nahe sein, wirklich nahe sein, sich Gott und den Menschen wirklich hingeben können, müssen sie Intimität bei sich erfahren und zugelassen haben. Sie müssen darüber hinaus die Gelegenheit haben, diese Intimität in einer verantwortlichen Weise in ihrer Beziehung zu Gott und zu den Menschen zu pflegen und zu erleben (vgl. Müller 1990).

6. Selbst-Transzendierung: Erweiterung hin zu umfassender Fürsorge

Auf der Fähigkeit zur Intimität baut dann auch die Fähigkeit der Fürsorge auf, die weiter geht als die Fähigkeit zur Intimität, indem sie mich in die Lage versetzt, nicht nur anderen innerlich und äußerlich nahe zu sein, sondern mich auch um sie zu kümmern, für sie Sorge zu tragen. Erik Erikson (1988, 86) spricht hier von *Generativität,* die die „Fortpflanzungsfähigkeit, Produktivität und Kreativität, also die Hervorbringung neuen Lebens, neuer Produkte und neuer Ideen" umfaßt.

Nach Erik Erikson (1981,141) ist die *„Fähigkeit zu erzeugen und hervorzubringen*... primär das Interesse daran, die nächste Generation zu begründen und zu führen. Es gibt selbstverständlich Menschen, die, sei es aus Mißgeschick, sei es aufgrund spezieller und genuiner Begabungen in anderen Richtungen, diese Fähigkeit nicht auf die eigene Nachkommenschaft anwenden, sondern auf andere Formen altruistischer Interessen und schöpferischer Tätigkeiten, die ihre Art von Elterngefühlen völlig in Anspruch nehmen. Und tatsächlich soll der Begriff der zeugenden Fähigkeit sowohl die Produktivität wie die schöpferische Begabung umfassen, die sie aber beide nicht als Bezeichnungen einer Entwicklungskrise ersetzen können. Denn die Fähigkeit, sich selbst in der Begegnung der Körper und Seelen hinzugeben, führt zu einer allmählichen Ausdehnung der Ich-Interessen und zu einer libidinösen Besetzung dessen, was erzeugt wird. Wo diese Bereicherung vollständig mißlingt, findet eine Regression auf ein zwanghaftes Bedürfnis nach Pseudointimität statt, oft mit einem durchdringenden *Gefühl der Stagnation,* Langeweile und zwischenmenschlichen Verarmung".

Generativität im Sinne von Erik Erikson meint also Fähigkeit zur Zeugung, Produktivität und Kreativität und bezieht sich auf die neue Generation, neue Produkte und neue Ideen. Aus ihr erwächst sozusagen als neue Tugend die selbsttranszendierende Verpflichtung, sich um andere Menschen zu kümmern, für sie zu sorgen.

7. Die Bedeutung der Selbst-Transzendierung für das zölibatäre Leben

Bei den zölibatär lebenden Menschen kann die Fähigkeit der Generativität in ihrer selbstlosen Hingabe zum Ausdruck kommen. Diese Hingabe macht sie „weiter", läßt sie über sich hinaussteigen. Jedenfalls eignet sich zum Beispiel der Beruf des zölibatär lebenden Seelsorgers und der Ordensfrau in besonderer Weise, um diese, das eigene Ich und Selbst übersteigende Seite zur Entfaltung zu bringen. Sie haben von ihrer Aufgabe her, zumindest vom Ideal her gesehen, sehr viele Möglichkeiten und Chancen, durch ihr Dasein und Tun diese Selbst-Transzendenz, die sich unter anderem in der Sorge um andere Menschen zeigt, zu verwirklichen.

Wenn in dieser Phase der persönlichen Entwicklung des zölibatären Menschen ein Knoten entsteht, die Expansion zu umfassenderer Fürsorge und Hingabe nicht stattfindet, dann besteht die Gefahr der Regression, des Rückfalles in frühere Entwicklungsphasen, „und zwar in Form eines zwanghaften Bedürfnisses nach Pseudo-Intimität oder in eine zwanghafte Form der Beschäftigung mit Selbst-Vorstellungen – jeweils durchdrungen von dem Gefühl der Stagnation" (Erikson 1988,87f.).

Es ist die Situation, in der der Zölibatäre sich wie im Kreis dreht, in der er nicht mehr weiter weiß, sich wie eingepfercht, gelähmt erlebt. Er spürt in sich das Verlangen, sehnt sich zu verkriechen, zurückzuziehen und sehnt sich danach, daß sich jemand um ihn kümmert, ihm nahe ist. Es ist eine Situation, die die Gefahr in sich birgt, daß das innere Wachsen nicht weitergeht, ja der Betreffende statt zu wachsen, zu schrumpfen beginnt. Die Nähe, nach der er sich sehnt, ist nicht die echter Intimität als Ausdruck erwachsener, wechselseitiger tiefer Beziehung. Es ist ein Haschen nach Nähe und Wärme, mitunter eine Flucht in die Intimität, die den bergenden Schoß der Mutter als rettenden Hafen für die augenblicklich erlebte innere Not und die Hilflosigkeit ersehnt. Sie fordert nicht zur eigenen Auseinandersetzung und zur Auseinandersetzung mit dem Gegenüber heraus, wie das im Falle echter Intimität geschieht. Das kann auch dazu führen, daß in dieser Situation die Sexualität im besonders starken Ausmaß ersehnt wird, verspricht sie doch – so scheint es –, die Sehnsucht nach Wärme, Nähe, Getragen- und Gehaltensein zu stillen. Das heißt, die Sexualität kann in dieser Situation die Pseudo-Intimität und die Stagnation noch bestärken. Sie vermag für Momente eine Linderung des schmerzlichen Sehnens nach Erfüllung oder Ruhe-Finden herbeiführen. Sie wird aber kaum zur eigentlich an dieser Stelle notwendigen Expansion hin zur umfassenderen Fürsorge beitragen.

Diese Erweiterung hin zu umfassender Fürsorge kann geschehen, wenn jemand sich auf die Sexualität und ihre möglichen Konsequenzen, die Entstehung neuen Lebens, einläßt und dann auch die entwicklungspsychologisch wichtige Ausweitung hin zu einer weiterführenden Fürsorge bei ihm geschieht. Bleiben er oder sie aber sozusagen bei der Sexualität „hängen", geht es dabei „nur" um die sexuelle Befriedigung oder das Stillen des Intimitätsverlangens, dann wird der Knoten nur noch fester, bleibt die Entwicklung weiter blockiert, geschieht die anstehende Erweiterung nicht. Diese Erweiterung aber ist die Voraussetzung dafür, um – ob ich jetzt zölibatär lebe oder in einer Partnerschaft – das Kreisen um mich überschreiten zu können, von mir wegzukommen und mich gleichsam in der Sorge meines Engagements für andere zu verlängern und zu erweitern. Dann vermag ich wieder eher in der Lage zu sein, mag es mir leichter fallen, weiterhin zölibatär zu leben. Jedenfalls ist dann der Durchbruch erfolgt, der mich zu umfassenderer Fürsorge befähigt, ob als Zölibatär oder Verheirateter. Ein Durchbruch,

der in einer gewissen Weise dafür bürgt, daß meine Entwicklung
– psychologisch gesehen – normal weiterverlaufen kann.

8. ZÖLIBATÄRES LEBEN ALS AUSDRUCK UMFASSENDER FÜRSORGE – EIN AUCH HEUTE ÜBERZEUGENDES ZEICHEN

Der Verzicht auf Nachkommenschaft, der Verzicht darauf,
Vater, Mutter zu sein, scheint mir im Gesamt der Zölibats-
diskussion nicht angemessen gewürdigt zu werden. Im Vordergrund steht hier in der Regel der Verzicht auf eine Partnerschaft
beziehungsweise der Verzicht auf die genitale Sexualität an sich.
Sie sind mitunter schmerzliche Verzichte. Ich habe aber zuweilen den Eindruck, daß mehr als dieser Verzicht der Verzicht auf
Nachkommenschaft, auf die Sorge, das Dasein als Vater und
Mutter für Kinder, ins Fleisch schneidet. Es ist zunächst einmal
der Verzicht, einen Menschen zeugen beziehungsweise austra-
gen zu können, unter dem Herzen zu tragen, ein Stück von sich
weiterzugeben und dann eine ganz tief in uns verankerte Sorge
für unsere Nachkommen zum Ausdruck zu bringen. Ich selbst
sehe darin den eigentlichen Verzicht zölibatären Lebens, da dieser Verzicht den einzelnen Menschen – mehr als der Verzicht
auf das genital-sexuelle Zusammensein – fundamental berührt.
Dieser Verzicht fordert ihn an einer Stelle heraus, die etwas
ganz Wesentliches von ihm betrifft.

Es ist von daher gesehen die entscheidende „Stelle", wo es um
ein Gelingen oder Scheitern zölibatären Lebens geht. Vermag
jemand diesen Verzicht auf Nachkommenschaft, die dahinter-
stehende aus großer Tiefe in ihm genährte Sorge um die Nachkommen in Sorge und Hingabe für seine Mitmenschen zu verwandeln, dann entsteht an dieser Stelle im Leben des zölibatär
lebenden Menschen kein Knoten, dann nimmt seine Entwicklung einen guten, normalen Gang. Dann kann sein zölibatäres

Leben auch Sinn haben. Ich verzichte auf Nachkommenschaft – und einhergehend damit auf genitale Sexualität –, um radikaler für andere zu sorgen, mich für sie hingeben zu können. Es ist dann nicht eigentlich der Verzicht auf genitale Sexualität, in deren Zentrum das Zölibat steht. Es ist die Bereitstellung meiner Energie, meiner Sorge, meiner Hingabe für andere. Das aber ist ein Angebot, das zum einen auch entwicklungspsychologisch gesehen möglich und zum anderen sozialpsychologisch gesehen notwendig ist. So sagt Erik Erikson (1988, 88): „Die wichtigste Möglichkeit, frustrierte Triebenergien sinnvoll zu nutzen liegt... in der Sublimierung oder aber in der Chance, sich in größerem Rahmen einzusetzen. Ein neues schöpferisches Ethos verlangt heute... im Interesse einer qualitativen Verbesserung der Lebensbedingungen aller Kinder dringend eine breitere, *umfassendere Fürsorge.*"

Erik Erikson (1988, 89) kennt die Tendenz des Menschen, eine größtmögliche Auswahl zu treffen hinsichtlich dessen, was ist oder getan werden kann, damit etwas im hohen Maße ‚vertraut‘ wird. ...Deshalb muß Ethik, Gesetz und Einsicht in einer gegebenen Gruppe das erträgliche Maß von Abweisung festlegen, so wie religiöse und ideologische Glaubenssysteme nicht davon ablassen dürfen, ein umfassenderes Prinzip von Fürsorge für bestimmte größere Zusammenschlüsse von Gruppen zu schützen. Gerade in diesem Zusammenhang setzen sich spirituelle Konzepte wie das einer allumfassenden Caritas im hohen Maße für die Ausweitung der im Entwicklungsplan angelegten Fürsorge ein". Der Seelsorger, die Ordensfrau als Prototypen umfassender Fürsorge – wenn das kein auch heute, ja gerade heute überzeugendes Zeichen zölibatären Lebens darstellt?

„Selbst wo weltanschauliche und geistige Traditionen die Verzichtleistung auf das Recht zu zeugen oder produktiv zu sein nahelegen, bemüht sich", so Erik Erikson (1965,262), „eine derartige zeitig vorverlegte Hinwendung zu den ‚letzten Dingen‘, wo immer sie in klösterlichen Bewegungen institutionalisiert ist, gleichzeitig darum, das Problem ihrer Beziehung zur Fürsorge für die Kreatur dieser Welt wie zur Caritas, die sie transzendiert, zu regeln."

4. KAPITEL

ZÖLIBATÄRE LIEBE UND INTEGRATION DER SEXUALITÄT

> Absolute Verdrängung von Sexualität ist
> unkeusch, denn sie ist respektlos gegen-
> über sich selbst und anderen.
>
> *William Kraft*
>
> Der Verzicht auf gelebte genitale
> Sexualität führt nicht notwendigerweise
> zu psychischen Schäden.
>
> *Abraham Maslow*

1. MIT DER SEXUALITÄT RECHNEN

Wer bereit ist und sich dazu entschlossen hat und sich auch
öffentlich dazu bekannt hat, zölibatär zu leben, muß weiter mit
der Sexualität rechnen. Er muß, wie Benedict Groeschel
(1985,35f.) es formuliert, anerkennen, „daß wir unsere Sexualität oft spüren und auf vielfältige Weise erfahren". Wenn
jemand, der zölibatär leben will, auf jede sexuelle Regung
schockartig reagiert, ihr aus dem Weg geht oder darüber
Schuldgefühle entwickelt (vgl. Schneiders 1986,214), wird er es
nie lernen, angemessen und auf gesunde Weise mit seiner Sexualität umzugehen. Erst wenn ich davon ausgehe, daß ich ein
geschlechtliches Wesen bin, meine Sexualität als gegeben, als
etwas in mir Lebendes, einen selbstverständlichen Teil von mir
ansehe, kann ich mit ihr umgehen. Solange ich davon ausgehe,
daß es sie gibt, sie sich meldet und sie nicht irgendwo eingeker-

kert abgespalten von mir ihr Dasein fristet, kann ich mich ihr stellen, sie integrieren, ihr den Platz in meinem Leben zukommen lassen, der ihr entsprechend meinem Lebensstil gebührt. Wenn ich dagegen nicht mit meiner Sexualität und der Kraft und der Macht, die sie hat, rechne, sie übergehe, zumindest meine, sie übergehen zu können, sie zurückdränge und nicht zulasse, sie nicht als einen selbstverständlichen Teil von mir akzeptiere, wird es vermutlich immer wieder passieren, daß sie etwas mit mir macht, *sie* im Fahrersitz sich breit macht und mich lenkt, statt daß ich sie lenke.

Für den Lenker ist es aber wichtig, daß er um seine Richtung weiß, er seine Orientierung kennt, er sich klar, aus innerer Überzeugung für diese Orientierung entschieden hat. Ist das nicht der Fall, wird er auf Dauer nicht in der Lage sein, dagegen zu steuern, um der ihm vorgegebenen Richtung treu zu bleiben, wenn Seiten und Strebungen in ihm in eine andere Richtung drängen.

Das aber werden er oder sie auf eine Weise, die sie nicht überfordert und die sie nicht anfällig für psychische Beeinträchtigungen macht, nur dann leisten können, wenn sie die Gründe, Motive und Werte, die dem zölibatären Leben zugrunde liegen, bejahen, *sie* dahinter stehen, sie auch *ihre* Gründe, Motive, Werte darstellen. Und wenn diese Gründe und Motive nicht solcher Art sind, daß in ihnen ein Nein zum Leben, ein Nein zur Sexualität, eine Unfähigkeit zur Partnerschaft impliziert ist.

Daß dieser Bereich im Gesamt der augenblicklichen Zölibatsproblematik ein kritischer Punkt ist, ist offensichtlich. Wenn ich aber keinen Sinn im zölibatären Leben sehe, mir die vorgegebenen Sinngehalte nichts bedeuten, nicht ein aus der Tiefe meines Herzens gesprochenes und von dort auch abgedecktes Ja zu diesem Leben vorliegt – wie kann ich dann daran gehen, dieses Ja in meinem konkreten Leben zu gestalten, dieses Ja in einem entsprechenden Lebensstil zu einer Gestalt werden zu lassen, einer Gestalt, die Stück für Stück, manchmal unter Anstrengungen, wenn nicht zu einer vollkommenen Form, so doch zu einer Form findet, in der ich unschwer den zölibatären Lebensstil entdecken kann? Heinrich Heine hat einmal sinngemäß den Ausspruch gemacht: Um den Kölner Dom bauen zu können, bedurfte es nicht lediglich einer Meinung, sondern einer Überzeugung. In vergleichbarer Weise genügt, um zölibatär leben zu können, eine halbherzige Entscheidung nicht. Es bedarf dazu der klaren, freiwilligen aus der Tiefe einer Person getroffenen Entscheidung dafür. Diese ist dann auch nicht lediglich eine Sache (!), die man (!) halbherzig so nebenher dem Bischof vor der Diakonatsweihe mitteilt. Solange im Falle des katholischen Priesters die Weihe mit dem zölibatären Leben als öffentlich kirchliche Lebensform gekoppelt wird, spielt diese persönliche, aus der Mitte einer Person kommende Entscheidung auch zum zölibatären Leben eine eminent wichtige Rolle, die um des betroffenen Menschen und des Berufes oder Amtes wegen nicht verniedlicht werden darf.

2. Ist es möglich, ohne genitale Sexualität psychisch gesund zu leben?

Ein breiteres Verständnis von Sexualität, das Sexualität weiter betrachtet als Sex oder genitale Sexualität, dürfte es leichter machen zu verstehen, daß es für den Menschen möglich ist, ohne genitale Sexualität zu leben. Und das auf eine Weise, die das Leben nicht weniger lebenswert macht oder unweigerlich mit psychischen Schäden verbunden ist.

Abraham Maslow (1970,107) macht unmißverständlich klar, daß der Verzicht auf gelebte Sexualität nicht notwendigerweise zu psychischen Schäden führt. Er schließt nicht aus, daß es Fälle gibt, in denen psychische Beeinträchtigungen mit dem Verzicht auf Sexualität einhergehen. So etwa, wenn dieser Verzicht als Zurückweisung durch das andere Geschlecht erlebt wird, oder man das Gefühl hat, dadurch weniger wertvoll zu sein oder man sich als Folge davon isoliert erlebt. Die Grundaussage von Abraham Maslow, daß jemand, der sexuell enthaltsam lebt, psychisch gesund sein kann, wird dadurch aber nicht aufgehoben.

Die Erkenntnis von Abraham Maslow, wonach jener, der sich sexuell enthält, psychisch gesund leben kann, setzt voraus, daß es sich dabei um einen Menschen handelt, der das, was in ihm angelegt ist, in ihm steckt, wie selbstverständlich zuläßt. Es sind die Personen, die die eigene Entfaltung, das eigene innere Wachstum fördern, ihm letztlich vor allem anderen den Vorrang einräumen. Sie leben nicht auf Kosten der anderen und nicht unter Vernachlässigung von ihnen, so sehr das als negative Begleiterscheinung immer wieder bei einigen auftreten mag. Es geht ihnen darum, das in ihnen liegende Potential, ja ihr Selbst zur Entfaltung zu bringen und den natürlichen und selbstverständlichen Prozeß dieser Entfaltung zu unterstützen. Sie wollen einer normalen Entwicklung und Entfaltung Vorschub leisten, ihr nichts in den Weg stellen.

Gerade dann aber, so mag man zunächst schlußfolgern, gehört das Zulassen und Ausleben der auch genitalen Sexualität dazu. Das ist richtig, es sei denn, jemand spürt, daß für ihn, für sie die Verwirklichung sich im Begehen eines anderen Weges vollzieht und dieser Weg nicht ein Weg ist, der ein Nein zum Leben und zur Lebendigkeit darstellt, vielmehr sich als der Weg erweist, auf dem die Fülle des dem einzelnen Zugedachten sich ganz entfalten kann. Und weil die Betreffende den Weg der Selbst-Entfaltung und Selbst-Verwirklichung gegangen ist, sich dabei den Prozessen der menschlichen Reifung gestellt hat, verfügt sie jetzt auch über die Möglichkeiten und Kräfte, ihre Fruchtbarkeit und Lebendigkeit anders als in der sexuell genitalen Erfahrung zum Leben zu bringen.

Die Aussage, daß ein gelingendes Leben ohne sexuelle genitale Beziehung möglich ist, stellt für jene, die in der gelebten genitalen Sexualität eine zentrale Weise der Lebensverwirklichung sehen, deren Wegfall das Leben des Betreffenden in ihren Augen einer entscheidenden Lebensdimension beraubt, eine unannehmbare Provokation dar. Für sie kommt dieser Verzicht einer Verstümmelung menschlichen Lebens gleich, wird doch damit dem Menschen, so ihre Meinung, etwas vorenthalten, das ihn erst zu einem ganzen Menschen macht, das zum wahren Menschsein gehört.

Auch unter denen, die sich aus religiösen Motiven heraus entschieden haben, zölibatär zu leben, und denen es zu einem bestimmten Zeitpunkt in ihrem Leben schwer fällt, zölibatär zu leben, höre ich immer wieder Stimmen, die in die gleiche Richtung gehen. Sie haben das Gefühl, auf etwas verzichten zu müssen, das zum ganzen Menschsein gehört und dessen Fehlen für die große seelische Not, die sie bei sich erfahren, verantwortlich ist. Sie erfahren sich als weniger wertvoll, als halbe Menschen, solange sie nicht auch das erleben und vollziehen dürfen, was anderen im sexuellen Zusammensein und in der genital sexuellen Erfahrung möglich ist.

Bei manchen unter ihnen mag hier genau das vorliegen, was Abraham Maslow als psychopathologische Reaktion aufgrund des Zölibats bezeichnet. Der Verzicht auf genitale Sexualität löst Minderwertigkeitsgefühle aus oder steigert das Gefühl, isoliert zu sein. Dabei handelt es sich um Erfahrungen, die zu großer seelischer Not bis hin zur Verzweiflung führen können. Manche sehen keinen anderen Ausweg aus dieser Not, als die sexuelle Enthaltsamkeit aufzugeben und sich auf sexuelle Beziehungen und genitale sexuelle Erfahrungen einzulassen. In solchen Situationen mag die Aussage Abraham Maslows, daß auch ohne gelebte genitale Sexualität ein psychisch gesundes Leben möglich ist, wenig helfen. Sie mag für nicht haltbar, zumindest als für das eigene Leben nicht gültig eingeschätzt werden. Dennoch mag ein Ernstnehmen dieser Aussage und die persönliche Auseinandersetzung damit wichtig sein, weil damit eine klarere Bestandsaufnahme der wirklichen Situation, ein deutliches Herausschälen des eigentlichen „Problemes" besser gewährleistet werden kann. Statt also eine anscheinend allgemein gültige Erkenntnis: „Sexuelle Enthaltsamkeit führt zu seelischer Beeinträchtigung" für die eigene als notvoll erfahrene Situation verantwortlich zu machen, kann dann näher darauf geschaut werden, wo die eigenen Anteile liegen, die mich veranlassen zu glauben, daß ich nicht länger zölibatär leben kann. Eine solche Sicht- und Vorgehensweise mag die Situation zunächst erschweren, und es mag auch schwierig sein, das so anzunehmen. Sie ist jedoch ehrlicher, vor allem aber bringt sie den einzelnen letztlich weiter.

Denn diese Auseinandersetzung lenkt den Blick auf den einzelnen, rückt ihn und sein vergangenes, gegenwärtiges und zukünftiges Leben in den Mittelpunkt. Sie zwingt ihn, sich selbst zu stellen, genau hinzuschauen, was aus seinem Leben geworden ist, wie er, sie, sich entwickelt und entfaltet hat, um dabei festzustellen, wo diese Entwicklung und Entfaltung entsprechend den Anlagen und Sehnsüchten vonstatten gegangen sind oder wo sie unterbrochen wurden oder eine „falsche" Richtung eingeschlagen haben.

3. Die Bedeutung der eigenen Überzeugung und
   Willenskraft für die Integration der Sexualität

Die genitale Sexualität ist ein Bereich innerhalb der breiter zu verstehenden Sexualität, die den ganzen Menschen durchweht und die man natürlich gerade auch in der genitalen Sexualität besonders stark spürt. Dort kann sie einen Höhepunkt erleben und von daher drängt es sie auch, sich darin zum Ausdruck zu bringen, sich dort auszutoben, zur Entfaltung zu kommen, sich auszugießen.

Von daher bedarf es sehr wohl einer Anstrengung, einer Disziplin, einer Orientierung, eines Willens, die nach Ausdruck lechzenden und strebenden Kräfte in die Richtung zu lenken, die mit meiner Lebensorientierung in Einklang zu bringen ist. Hier wird deutlich, wie wichtig dafür eine klare Orientierung, ein fester Wille, das eigene, von mir und aus mir kommende Wollen ist. Und, wie hilfreich ein Rahmen, auch öffentlich verbindlicher Art, sein kann. Ein halbherziges, nebenbei hingeflüstertes Ja zum zölibatären Leben, ein aufgesetztes „weil halt verlangt" zugestandenes Ja dazu, ein offengehaltenes, sich anderen Möglichkeiten nicht verschließendes Ja zum ehelosen Leben – alle diese „Jas" werden schmählich zusammensacken, wenn die sexuelle Kraft sich meldet. Das gilt auch für den Verheirateten, der sich von seiner Orientierung, seiner Ehepartnerin entfernt und dadurch in seinen Möglichkeiten beeinträchtigt wird, diese Seite, sein Ja zu seiner Frau voll gewichtig in die Waagschale zu werfen, wenn eine andere Frau ihn entflammt.

Beim zölibatär Lebenden kommt freilich hinzu, daß er noch stärker herausgefordert wird, hat er doch – im Unterschied zum Verheirateten – keine Möglichkeit, seinen sexuellen Durst genital zu stillen. Trotzdem teilt er mit dem Verheirateten die Erfahrung, sexuelles Verlangen steuern zu müssen, wenn er es nicht befriedigen kann oder will. Und er ist wie der Verheiratete grundsätzlich auch in der Lage dazu.

Wenn ich im folgenden näher auf die Verdrängung, die Unterdrückung, die Sublimierung und Integration der Sexualität vornehmlich mit Bezug auf zölibatär Lebende eingehe, dann gilt immer wieder die Grundannahme mit zu bedenken, wonach es möglich ist, ohne genitale Sexualität psychisch gesund zu leben und es einer starken Überzeugung und einer starken Willenskraft bedarf, um die Sexualität mit der eigenen Lebensorientierung in Einklang zu bringen.

4. DIE SEXUALITÄT FORMEN UND GESTALTEN

Die Sexualität gilt es im Gesamtprozeß der menschlichen Entwicklung so zu formen und zu gestalten, daß sie für den ganzen Menschen, für sein ganzes Leben, fruchtbar gemacht wird. Es geht dabei um eine Gestaltung der Sexualität, die sie in einen engen Zusammenhang mit der ganzen Person stellt, und zwar so, daß auch durch die Sexualität das, was das Wesen der jeweiligen Person ausmacht, zum Ausdruck kommt. Die Sexualität soll ja nicht nur ein Anhängsel der Person sein, das losgelöst von ihr ein eigenes Leben führt. Sie soll wirklich ein Teil der Person sein, von ihr gelebt werden und zu ihrem *ganzen* Leben beitragen. Läuft die Sexualität Gefahr, sich von der Person loszumachen, um getrennt von ihr ein Eigenleben zu führen, gilt es sie wieder so in den Dienst der Person zu stellen, daß sie zu deren ganzheitlichem Wachstum beiträgt.

Ich gebrauche für diesen Prozeß der Integration der Sexualität bewußt die positiv klingenden Begriffe wie „formen" und „gestalten". In ihnen kommt zum Ausdruck, worum es bei der Integrierung der Sexualität geht. Das heißt, es geht nicht um die Verdrängung oder die Entstellung der Sexualität. Im Falle der Verunstaltung und Verdrängung der Sexualität werden wesentliche, oft unkorrigierbare und unverantwortliche Einschnitte im Leben eines Menschen vorgenommen. Diese aber tragen nicht zu seiner Verwirklichung bei, sondern machen ihn zu einem Torso, in dem einfach etwas totgeschwiegen, abgeschnitten, brutal zurechtgeschnitten wird. Die Integration der Sexualität steht aber eindeutig unter der Zielsetzung, durch einen mitunter langandauernden Prozeß die der Sexualität eigene und von ihr her mögliche Bereicherung für das gesamte Leben zur Entfaltung zu bringen.

Das allerdings geschieht nicht, wie erwähnt, von heute auf morgen. Das passiert auch nicht durch Gewaltanwendung und Druck. Es bedarf der Bereitschaft dazu, der Erkenntnis, daß dieser Integrationsprozeß gut ist. Ein solcher Prozeß ist abhängig von der Lebensgeschichte und dem Lebensalter des einzelnen Menschen. Für diesen Prozeß sind Gewalt, Druck, Drohen, billige Ratschläge ein Greuel. Auf der anderen Seite bedarf es aber auch der Willensstärke, der Disziplin, der Ausdauer, der Frustrationstoleranz und des Mutes, um die Sexualität in die Gestalt zu bringen, die für ein ganzheitliches und dann auch für ein christliches Leben förderlich ist (vgl. Müller, 1990).

5. VERDRÄNGUNG DER SEXUALITÄT

Ich kann meine Sexualität verdrängen. Das heißt, ich kann versuchen, bestimmte Erfahrungen aus meinem Bewußtsein auszuschließen. Wenn ich meine Sexualität verdränge, dann tue ich so, als sei ich kein geschlechtliches Wesen, als habe ich keine sexuellen Gefühle, als kenne ich kein sexuelles Verhalten.

Es handelt sich dabei um einen Vorgang, der mir in der Regel nicht bewußt ist. „Eine Ordensfrau, die ihre Sexualität verdrängt, ist sich nicht bewußt, daß sie vor sich selbst davonläuft. Die Verdrängung ihrer Sexualität ist ein automatischer Prozeß, der einfach geschieht. Auch wenn sie unangenehme Momente kennt, in denen sie sich Gedanken über ihre Sexualität macht, erlaubt sie sich nur selten, darüber nachzudenken. Wenn jemand sie offen auf ihre Verdrängung aufmerksam macht, wird sie sich vermutlich bedroht fühlen und sich dementsprechend verteidigen. Sie mag das in aller Unschuld verneinen, sich ängstlich zurückziehen, heftig protestieren oder aus voller Überzeugung diese Tatsache intellektualisieren. Was immer sie tut, sie ist nicht in der Lage, ihr sexuelles Sein anzunehmen und positiv zu sehen" (Kraft in: Huddleston 1984, 75f.).

Um zu erklären, wie es zur Verdrängung der eigenen Sexualität kommen kann, führt William Kraft (76f.) als Beispiel eine Ordensfrau an, deren Eltern, als sie ein Kind war, ständig bei ihr jedes Verhalten und Sprechen über Sexualität bestraften. Sie mag daraus den Schluß gezogen haben, daß sie dann wertvoll ist, wenn sie sich nicht sexuell verhält. Als dann ihre Sexualität in ihrer Jugendzeit mit aller Mächtigkeit sich meldete, war sie sehr schlecht darauf vorbereitet, sie in ihr Leben, in ihr Selbst zu integrieren. Dazu kam, daß die religiöse Hinführung zum Ordensberuf auf eine Weise geschah, bei der die Sexualität nicht zugelassen wurde, und dadurch die Gewalt, die sie gegen sich selbst anwandte, verstärkt wurde. Eine solche Ordensfrau, so William Kraft, hat nie die Chance gehabt, ihre Sexualität zu integrieren. Sie hat gelernt, daß das Gefühl zu haben, eine gute Person und eine Ordensfrau zu sein heißt, nicht-sexuell zu sein. Ohne es zu wissen mag die sexuelle Verdrängung dieser Schwester ihr religiöses Leben beeinträchtigen und die Chancen für spirituelles Wachstum behindern. So mag das Alleinsein, das von fundamentaler Bedeutung für die Spiritualität ist, hier kaum möglich sein, da das Schweigen im Alleinsein sie dazu veranlassen mag, auf das zu hören, auf das sie nicht hören möchte – in diesem Fall ihre Sexualität.

Der Preis, den man für die Verdrängung der Sexualität zahlen muß, kann sehr hoch sein. Die Art und Weise, wie jemand unbewußt mit verdrängter sexueller Energie umgeht, fördert in der Regel, so William Kraft, nicht die seelische Gesundheit. So mag eine Ordensfrau, die ihre Sexualität verdrängt, frustriert, irritiert, voller Ärger sein. Oder sie mag sich auf keine Intimität einlassen, aus Angst davor, daß sie das mit ihrer Sexualität in

Berührung bringt. Oder sie mag ihre Vermeidung von Intimität mit ihrem zölibatären Lebensstil kaschieren. Oder sie mag ihre eigenen Gefühle projizieren, indem sie anderen ein unmoralisches Verhalten unterstellt, beziehungsweise sie verschafft sich Befriedigung, indem sie sich zur Sex-Zensorin ihrer Gemeinschaft aufschwingt. Sie wird jedenfalls, so William Kraft, viel Zeit und Energie darauf verwenden, jemand zu sein, der sie nicht ist. Sie mag sich ständig erschöpft fühlen im Kampf gegen etwas, das zum Fundament ihrer Existenz gehört.

„Absolute Verdrängung von Sexualität ist für sich – so William Kraft (77) – unkeusch, denn sie ist unrein und respektlos gegenüber sich selbst und anderen. Eine solche Verdrängung verneint die Leibhaftigkeit einer Person und macht sie zu einem Kastrat, der trocken und leblos ist."

6. Unterdrückung der Sexualität

Wie bei der Verdrängung wird bei der Unterdrückung der Sexualität unter anderem das Verlangen nach sexueller Genitalität nicht zugelassen. Im Unterschied zur Verdrängung handelt es sich hier aber um einen *bewußten* Vorgang. Ich will die sexuellen Phantasien, das sexuelle Verlangen, das Ausleben dieses Verlangens, nicht zulassen. Je nach dem, welche Motive hinter dieser Unterdrückung stehen, kann es dabei um einen psychisch gesehen positiven oder negativen Vorgang gehen.

Wenn beispielsweise der Grund der Unterdrückung des Verlangens nach Sexualität eine negative Einstellung gegenüber der Sexualität ist, wenn Hemmungen, bedingt durch eine blockierte emotionale Reifung, dahinterstehen, dann ist die Unterdrückung der Sexualität beziehungsweise des sexuellen Verlangens ein ungesunder Vorgang, kontraproduktiv für das weitere ganzheitliche emotionale Wachstum. Sie mag dann auch so etwas wie ein Ausläufer, eine Konsequenz der bereits vorher stattgefundenen Verdrängung sein.

Auf der anderen Seite kann die Unterdrückung des sexuellen Verlangens, das Auf-die-Seite-Stellen dieses Verlangens, ihr „Auslöschen", Ausdruck einer bewußt getroffenen Entscheidung sein, wohlgemerkt einer Person, die reif ist und gerade in dieser Entscheidung ihre Reife bezeugen mag. So kann die Unterdrückung ein „Nein" sein, das seinen Grund in einem „Ja" hat, das für die betreffende Person von fundamentaler Bedeutung ist. Der Priester, die Ordensfrau, die ihr Verlangen nach Ausdruck ihrer genitalen Sexualität unterdrücken, lassen zunächst ihre genitalen, sexuellen Gefühle zu, sehen sie auch als etwas Positives an und entscheiden sich dann, sie nicht zu verstärken oder auszuleben. Das heißt, wer so vorgeht, läßt seine Sexualität zu, drückt sie in einer gewissen Weise aus und entscheidet sich dann, mit seiner Sexualität, seiner sexuellen Energie in Berührung gekommen, diese Energie nicht auszuleben, nicht aufzubrauchen (vgl. Kraft 78). Jemand, der sich sexuell angesprochen fühlt, soll sich zugestehen, daß er diese Gefühle hat, und diese Erfahrung positiv sehen. „Eine solche Annahme der Sexualität, im Gegensatz zu ihrer Verdrängung, versetzt den zölibatär Lebenden in die Lage, auf verschiedene Weise damit umgehen zu können" (Kraft 78). Er kann dann sofort oder zu einem späteren Zeitpunkt sein sexuelles Verlangen unterdrücken, sublimieren oder integrieren.

Jeder wird in seinem alltäglichen Leben die Erfahrung machen, daß er zum Beispiel sexuelle Gedanken oder Phantasien unterdrückt. Um mich auf eine Sache oder einen Menschen konzentrieren zu können, lösche ich bewußt die sexuellen Phantasien, die bei mir aufsteigen, die mich aber hindern, mich wirklich dem anderen zuzuwenden, aus. Um mich auf die Sache, mit der ich mich gerade befasse, konzentrieren zu können, mich ganz auf die Person, für die ich da sein will, einlassen zu können, stelle ich meine sexuellen Gedanken auf die Seite. Oder ich mag als Verheirateter mich sexuell angesprochen fühlen von einer anderen Frau und für mich entscheiden, daß ich aus Liebe und Treue gegenüber meiner Frau diese Gefühle nicht weiterverfolge, verstärke, sondern um eines anderen, von mir als höher eingestuften Wertes willen bewußt auf die Seite lege. Ein Ordensmann mag spüren, wie er sich sexuell angesprochen fühlt von einer Frau, ohne sich dieser Gefühle zu schämen und sie als schlecht zu etikettieren, für sich zu entscheiden, diese Gefühle nicht auszuleben, weil das sonst zur Verletzung anderer, ihm wichtiger Werte führen würde. Das ist nicht einfach und mitunter sehr schmerzvoll. Aber es ist möglich.

So sagt auch Scott Peck (1978,119): „Ich mag eine Frau treffen, die ich als sehr attraktiv empfinde und von der ich meine, daß ich sie liebe, da es aber für meine Ehe schädlich wäre zu dieser Zeit eine Affäre zu haben, mag ich laut oder leise in meinem Herzen sagen, ‚ich habe das Gefühl, daß ich dich liebe, aber ich will es nicht weiter zulassen‘... Meine Liebesgefühle mögen unbegrenzt sein, aber meine Fähigkeit zu lieben ist begrenzt. Daher muß ich die Person auswählen, auf die hin ich meine Fähigkeit zu lieben konzentrieren möchte, auf die hin ich meinen Willen zu lieben richten will. Wahre Liebe ist nicht ein Gefühl, von dem ich überwältigt werde. Es ist eine mit Verpflichtungen verbundene überlegte Entscheidung.“

Besondere Probleme sieht William Kraft, wenn es darum geht, den Übergang von der unbewußten Verdrängung der Sexualität hin zu ihrer bewußten Unterdrückung zu leisten. So mag ein Ordensmann, der bisher seine Sexualität verdrängte, jetzt aber mit ihr in Berührung gekommen ist – sei es durch die Begegnung mit einer Frau, sei es, daß aus dem Zulassen von Alleinsein sich die Sexualität gebieterisch zu Wort gemeldet hat –, mit seinen sexuellen Gefühlen und Phantasien konfrontiert werden. Verwirrt wie er ist, mag er jetzt, statt das Thema zu tabuisieren und sich darum herumzuschleichen, den Wunsch haben, offen damit umzugehen, das heißt anderen von seiner neuen Erfahrung zu berichten, seine Gefühle und Phantasien zuzulassen, bis dahin, daß er seine Sexualität auch leben will. In einer solchen Situation ist es wichtig, ohne jetzt permissiv zu sein, großzügig, geduldig und verständnisvoll zu sein, wenn der oder die Betreffende den sonst üblichen Rahmen sprengen mag. Für sie ist es wichtig, sich zunächst aus den Armen der Verdrängung zu befreien, nicht länger unter ihrer Macht zu stehen, bevor sie in der Lage sind, bewußt und in eigener Verantwortung, ihre Sexualität im positiven Sinn zu unterdrücken, sie zu sublimieren und zu integrieren.

7. Sublimierung der Sexualität

Bei der Sublimierung der Sexualität versuche ich die Kraft in mir, die auf die Sexualität und die sexuelle Aktivität ausgerichtet ist und in sie fließt, für etwas anderes fruchtbar zu machen. Ich versuche diese Kraft für etwas zur Verfügung zu stellen, das ich als wichtig erachte, das kulturell, sozial, ästhetisch oder spirituell gesehen für „höher" oder besser angesehen wird.
Auch hier geht wie bei der Unterdrückung der Sexualität eine positive Haltung gegenüber der Sexualität an sich voraus. Um eines anderen Wertes willen entscheide ich mich bewußt, auf das Zulassen genitaler Sexualität zu verzichten. Doch statt mich jetzt, wie im Falle der Unterdrückung der Sexualität, darauf zu beschränken, die Sexualität und die Kraft, die damit verbunden ist, einfach zurückzustellen, nicht zuzulassen, stelle ich diese Kraft in den Dienst für eine andere Aktivität. Entscheidend dafür, daß Sublimierung nicht zum Schaden der Person angewandt wird, ist, daß hinter der Sublimation nicht eine negative Einstellung gegenüber der Sexualität an sich steht oder die Sub-

limation dazu mißbraucht wird, die Sexualität sozusagen mit Haut und Haaren auszutilgen.

Die zölibatär Lebende kann ihr Verlangen nach genitaler Sexualität sublimieren, indem sie ihre sexuellen Gefühle, die sie grundsätzlich bejaht, bewußt zurückstellt und die Kraft, die damit einhergeht, in den Dienst für eine andere Tätigkeit stellt. Das kann ein zusätzliches Engagement im Bereich des Studiums und der Arbeit, eine Umwandlung der sexuellen Energie in künstlerische und ästhetische Aktivitäten oder ein besonderer Einsatz für andere sein. Auf alle Fälle gehe ich dann offen und bejahend mit meiner Sexualität um. Ich lebe mit meiner Sexualität, bin mit ihr in Berührung. Sie gehört ganz selbstverständlich zu mir und lebt auch in dem, wofür ich sie zur Verfügung stelle, weiter.

Nicht von Sublimierung kann man sprechen, wenn die verdrängte Sexualität in Ersatzformen sich Ausdruck verschafft, wie etwa in unmäßigem Essen. Ein anderer mag seine verdrängte Sexualität in überzogenem väterlichen oder mütterlichen Verhalten gegenüber den Menschen, für die er da ist, ausleben. William Kraft (81) meint dazu: „Sexualität in Fürsorge für andere zu verwandeln, kann positiv sein, doch wenn das auf Verdrängung zurückzuführen ist, dann besteht die Gefahr der Ausnutzung anderer, und das mitunter im Namen der Keuschheit und christlichen Verhaltens." Wieder ein anderer mag, so William Kraft, seiner sexuellen Frustration Luft machen, indem er gereizt und ärgerlich ist. „Diese Art von Sublimation ist eine ‚Pseudo'-Sublimation, da sie statt die Person aufzubauen und zu ihrer Förderung beizutragen, gesundem Wachsen entgegenwirken kann."

8. Die Integration der Sexualität als respektvolles Hinschauen auf den ganzen Menschen

Die Sexualität zu integrieren kann für den Zölibatären heißen, die Sexualität anzunehmen, sie zu bejahen und sie entsprechend seinem Lebensentwurf für sein Leben fruchtbar zu machen. Ich begegne meinen sexuellen Gefühlen, Phantasien, körperlichen Regungen in einer Weise, die diese Gefühle, Phantasien und Regungen nicht nur als Ausdruck genitalen Verlangens sieht, sondern bin offen dafür, darin und darüber etwas zu erfahren, was wesentlich zu mir gehört. Oder ich bin offen dafür, über sie Wesentliches über andere zu erfahren.

Respekt, was wörtlich übersetzt heißt „noch einmal hinschauen", ist dabei, so William Kraft (65), von besonderer Bedeutung. Ein Ordensmann mag sexuell erregt werden durch die Brüste einer Frau. Was, so fragt William Kraft, erfährt er in diesem Moment? Sieht er nur oder vorzugsweise die Brüste der Frau? (67). Ist das der Fall, dann sieht er nicht mehr die ganze Person und nimmt nur einen Teil von ihr wahr. Wenn er noch einmal hinschaut, jetzt den Bezug zur ganzen Person herstellend, mögen die Brüste der Frau ihn weiterhin sexuell erregen. Sein Blick wird jedoch umfassender sein. Er wird die Frau nicht länger auf ihre Brüste reduzieren, sondern jetzt auch all das an ihr zulassen, was sich einstellt, wenn ich den ganzen Menschen, das, was ihn bezogen auf sein Denken, Fühlen, seine Stellung, seine Rolle, seine Beziehung zu mir, anderen und anderem ausmacht, mit einbeziehe. Das genital sexuelle Angezogensein wird dann mit eingebettet in ein größeres Ganzes. Das mag mit sich bringen, daß der sexuelle Drang gemildert wird. Das kann zugleich aber auch dazu führen, daß die Bedeutung meiner sexuellen Erregung bereichert, vertieft wird und mir Bedeutungen zugänglich werden, die über die körperlichen Bereiche hinausgehend, anderen zentralen Bereichen, wie dem psychischen und spirituellen Bereich, entstammen.

Wenn ich aber den anderen als ganze Person sehe, dann, so William Kraft, fällt das entsprechend auf mich zurück. Ich komme dann selbst mit mir als ganzen Menschen in Kontakt und reagiere als ganzer Mensch, mit meinem Körper, meinem Verstand, meinem Herzen und meiner Seele. Meine sexuelle Erregung wird dann auch in meine ganze Person eingebettet. Jetzt kann ich die Brüste der Frau als „Ausdruck ihres Frauseins, ihrer Weiblichkeit, ihrer Schönheit, ihres Lebens, ihrer Fruchtbarkeit, ihrer Sorge... sehen". Ich selbst aber kann dadurch meine Integrität bewahren und pflegen.

William Kraft (88) nennt folgendes Beispiel für die Integration der Sexualität: Eine Ordensfrau mag entdecken, daß sie sexuellen Phantasien nachgeht. Was erfährt sie? Stellt sie sich vor, jemanden zu lieben ohne Gewicht, ohne Geruch, ohne Berührung, ohne Geschmack – eine Liebe ohne Sinnlichkeit? Sieht sie Genitalien getrennt von der Person, statt die Person mit Genitalien? Wie wirklich ist ihre sexuelle Phantasie? Hat sie die Phantasie, jemanden zu lieben in einem ekstatischen Zustand, ohne Grenzen, ohne Angst, ohne Beklemmung? Spürt sie in sich das Verlangen nach sexueller Lust und vollendeter Intimität, ohne die Grenzen und Verantwortung wirklicher, von Liebe geprägter Sexualität? Ihre Phantasien und ihr Verlangen nach sexueller Begegnung sind natürlich, doch sie sollte versuchen, mit der Wirklichkeit in Kontakt zu bleiben. Es ist wichtig, wirklich darauf zu hören und darauf zu schauen, was ihre sexuellen Phantasien ihr sagen, denn sie können ihr etwas über sie sagen und über ihre Art von Beziehung mit Menschen. Was für eine Person ist sie im Gegensatz zu der, als die sie alltäglich erscheint? Wie verhält sie sich? Was will sie? Mit der Zeit mag diese Ordensfrau ihre Grenzen erkennen – ehrlich und wahrhaftig –, wie weit sie gehen kann und dabei für sich selbst lernen, was ihr Wachstum, nicht aber ihre Unreife oder Fixierung fördert.

9. ZIEL DES ZÖLIBATÄREN: ÜBER DIE PRAXIS DER SELBSTBEFRIEDIGUNG HINAUSWACHSEN

Was hier über die Integration der Sexualität gesagt wurde, gilt auch für die Praxis der Selbstbefriedigung. Wenn von Onanie im Zusammenhang mit dem Zölibat die Rede ist, dann ist darunter in der Regel Selbstbefriedigung von Erwachsenen zu verstehen, die sich selbstbefriedigen, weil ihnen keine andere Form der sexuellen Befriedigung aufgrund der realen Situation oder vom Verständnis ihrer Ideale her, möglich ist.

Was die Selbstbefriedigung betrifft, die im Leben nahezu jedes zölibatär lebenden Mannes und jeder zölibatär lebenden Frau einmal mehr oder weniger eine Rolle spielt, so meint Donald Goergen (1979,279f.), „da die Selbstbefriedigung generell eine sexuelle Aktivität darstellt, wird es das Ziel des zölibatär Lebenden sein, über die Praxis der Selbstbefriedigung hinauszuwachsen". Weiter meint er: „Als sexuell genitale Aktivität an sich ist die Selbstbefriedigung nicht schlecht, nicht ungesund, nicht schädlich, nicht unmoralisch, auch nicht für den Zölibatären. Dennoch zeigt die Praxis der Selbstbefriedigung, daß ein Zölibatär noch nicht über sein Bedürfnis nach sexuell genitalem Erleben hinausgewachsen ist. Das heißt, daß Selbstbefriedigung im Fall des Zölibatären zwar nicht unmoralisch ist, aber hinter dem Ideal zurückbleibt...".

Darüber Schuld zu empfinden, heißt, einen selbstzerstörerischen Prozeß in Bewegung zu setzen, der in keinem Verhältnis zur Selbstbefriedigung an sich steht, die, so Donald Goergen, für sich nicht destruktiv ist. „Die Schuld eines Zölibatären über Selbstbefriedigung ist oft Ausdruck einer tieferliegenden Schuld über Sexualität an sich."

Selbstbefriedigung, so Donald Goergen weiter, „ist weder ganz mit dem Zölibat in Einklang zu bringen noch stellt sie eine Sünde dar. Sie stellt lediglich eine Tatsache in seinem oder ihrem

Leben dar, die er oder sie akzeptieren, insofern sie in ihrem Leben präsent ist. Sie ist etwas, von dem man hofft, eines Tages darüber hinauswachsen zu können. Selbstbefriedigung ist kein keusches Verhalten eines zölibatär lebenden Menschen, da sie kein Beispiel zölibatärer Keuschheit darstellt. Jene sexuellen Ausdrucksformen sind keusch, die spirituelle Werte vermitteln. Selbstbefriedigung aber ist selten Ausdruck der spirituellen Werte einer zölibatär lebenden Person. In diesem Sinne legt sie kein Zeugnis für ein keusches Leben ab. Das aber heißt nicht, daß man deswegen in Verwirrung geraten muß... Selbstbefriedigung ist weder ein Zeichen für die Vollkommenheit, die wir als Zölibatäre anstreben, noch ist sie eine Sünde. Sie ist lediglich Ausdruck unserer Unvollkommenheit – die zu überwinden wir uns alle bemühen."

10. Scheitern und Gelingen: Die Integration der Sexualität ist ein dynamischer Prozess

Die Sexualität ist eine große Kraft in uns. Sie kann auch zu einer mitunter sehr wilden Kraft werden, die um sich schlägt, die einfach darauf aus ist, zu ihrem Ziel zu kommen, sich im orgastischen Ausbruch zu verwirklichen. Dann schert sie sich einen Teufel um Vorhaben, Verpflichtungen, Respekt. Diese werden dann als Barrieren gesehen und erlebt, die sich ihr in den Weg stellen wollen und zumindest in diesem Augenblick des Begehrens und Verlangens von ihr weggefegt werden.

Was ich hier von der Sexualität sage, gilt gleichermaßen für Verheiratete wie zölibatär Lebende. Es ist eine Seite von Sexualität und eine Erfahrung mit der eigenen sexuellen Kraft, die für beide zur Herausforderung werden kann. In solchen Situationen zeigt sich, wie sehr die Formen, Abmachungen, Verbindlichkeiten, die der einzelne entsprechend seinem Lebensstand gefunden hat oder die er eingegangen ist, wirklich verwurzelt sind, wirklich in die Tiefe reichen, um der wilden Kraft der Sexualität etwas „entgegenhalten" zu können.

Hier scheitern auch viele, reißen immer wieder auch die Stricke, die das Festhalten an dem, was man sich vorgenommen hat, worauf man sich eingelassen und verpflichtet hat, garantieren würden. Hier schlägt die Stunde der Wahrheit für das „Re-spicere", das Noch-einmal-Hinschauen, jenes respektvolle Hinschauen auf den anderen und mich, das um des ganzen Menschen willen mich wieder in Berührung bringt mit dem, was mir wichtig ist, diese Seite herholt, unterstreicht, stärkt. Auch als Gegenstück zu der sich meldenden wilden Sexualität, die in diesem Augenblick der Erregung keinen Blick dafür hat.

Hier gilt es auch die Zeit zu nutzen, in der diese respektvolle Haltung noch eine Chance hat, von mir wahrgenommen und gehört zu werden. Hier gilt es die Chance wahrzunehmen, die ich habe, indem ich im Vorfeld Situationen vermeide, von denen ich aus Erfahrung weiß, daß sie in mir eine Seite wecken, ja herausreißen, die mich davonschwemmen kann. Habe ich dagegen eine bestimmte Schwelle überschritten, wird der Weg zurück, zurück in eine Haltung, in der das respektvolle Hinschauen noch eine Chance hat, so gut wie unmöglich sein. Die Fluten tragen mich dann davon, mag ich mich auch zunächst noch dagegen sträuben, bis mir – so scheint es – nichts übrig bleibt, als mich der Wildheit der Fluten zu überlassen.

Um dann aufzuwachen und – hoffentlich – es nicht dabei zu lassen, daß ich mich niedermache, mich mit Schuldvorwürfen überhäufe, um mich mit der Zeit damit abzufinden, daß das nun einmal so ist, bis es dann wieder soweit ist. Eine solche Situation kann mich weiterbringen, wenn ich da, wo ich schuldig an mir oder anderen geworden bin, dazu stehe, die anderen um Vergebung bitte und auch mir Vergebung gewähre *und* dazu bereit bin, hinzuschauen, was mich in diese Situation brachte, um daraus sich ergebende notwendige Veränderungen vorzunehmen. Es geht darum, statt mich zu verachten oder unrealistische Vorsätze zu fassen, diese Erfahrungen für mein Leben – als Verheirateter oder Eheloser – fruchtbar zu machen. Dabei auch in dem Verhalten, das gegen Abmachungen, Gelübde, Versprechen verstößt, mögliche positive Erfahrungen zu sehen und diese für mein zukünftiges Verhalten miteinzubeziehen. Das verlangt oft längerdauernde Prozesse, das Einbeziehen von Gesprächspartnern, bis hin zur professionellen spirituellen oder therapeutischen Begleitung. Aber es ist der erfolgversprechendere Weg. Ein Weg, der das ernstnimmt, was sich in der sich wild gebärdenden Sexualität in mir meldet, gesehen und berücksichtigt werden will. Ein Weg, der vermeidet, vorschnell und radikal etwas „ausbügeln" oder „abschneiden" zu wollen, das mitunter zu dem Verlust anderer vitaler Seiten in uns führt oder lediglich etwas unter den Teppich kehrt, was bei nächstbester Gelegenheit sich wieder gebieterisch meldet und in Szene setzt. Es ist schließlich ein Weg, der ernstnimmt, daß der Integrationsprozeß der Sexualität nur auf einem Weg, mitunter einem sehr langen, ja lebenslänglichen, Lebensweg möglich ist. Ein Weg, der voraussetzt, daß ich mich bewege, weitergehe, in Bewegung bleibe und aus dieser Bewegung heraus handle und reagiere, in Berührung mit mir und meiner Mitwelt und Umwelt.

11. Aufrecht mit der Sexualität, auch wenn sie als Gebrochen erlebt wird

Aufrecht mit meiner Sexualität umzugehen, auch wenn ich sie als gebrochen erlebe, heißt, klar zu meiner Sexualität zu stehen, vor mir selbst, gegebenenfalls auch vor anderen und vor Gott. Ich muß sie nicht verstecken. Sie muß unter der Decke hervorgeholt werden. Sie muß in den freien hellen Raum gelangen, damit sie wirklich angeschaut werden kann. Das gebietet schon die Selbstachtung. Im Herausführen aus dem Dunkeln ins Licht verliert sie bereits etwas von dem Halbseidenen, Verbotenen, Anrüchigen, das ihr zuweilen noch anhängt. Das allein schon kann sehr befreiend wirken und ihre Macht, da wo ich sie als unangenehm erlebe, zum Teil brechen.

Anselm Grün (1989) zitiert den Altvater Agathon, der von einem Bruder wegen der Unzucht befragt wurde. Er erklärt ihm: „Wohl an, wirf dein Unvermögen vor Gott, und du wirst Ruhe finden." Das Erleichterung und Beruhigung Verschaffende in einer solchen Aussage liegt in der Annahme, daß wir immer wieder mit unserem Unvermögen, auch mit unserem Unvermögen unser sexuelles Verlangen entsprechend unseren oder uns vorgegebenen Vorstellungen zu integrieren, umzuleiten oder umzuformen, konfrontiert werden. Damit müssen oder dürfen wir auch immer rechnen. Und, in diesem Unvermögen, kann auch eine Seite in uns zugelassen und transparent werden, die, da sie uns menschlicher macht, zugleich auch Gott näher bringt. Wenn ich in Demut mein Unvermögen vor Gott hinstelle, fixiere ich mich nicht länger auf meine Vollkommenheit, auf mein Ziel, auf keinen Fall zum Beispiel mich selbstzubefriedigen; schaue ich nicht länger mehr auf meine Vollkommenheit als auf Gott. Wir sollen aber, so Anselm Grün, „mehr auf Gott schauen als auf unsere eigene Reinheit... Wir vertrauen dann mehr der Barmherzigkeit Gottes als unserem eigenen Vollkommenheitsstreben. Die Barmherzigkeit Gottes schenkt Frieden. Moralische Vollkommenheit wird nie ein ruhiger Besitz sein. Sie kann uns geschenkt werden, wenn wir von uns wegsehen und unser Herz ganz auf Gott hin ausrichten."

Das Ziel des zölibatär Lebenden wird es sein – und das wird vom Ideal her auch von ihm gefordert –, auf die genital gelebte Sexualität zu verzichten. Das wird aber in der Regel nicht gelingen, wenn dies auf Kosten des Zulassens und der Bejahung der eigenen Geschlechtlichkeit und sexuellen Kräfte geschieht. Man mag dann zwar eisern der „Versuchung" widerstehen, dabei aber selbst zum Stahlrohr werden – hart, kalt, eisern, tot. Oder aber man mag austrocknen und wie ein ausgetrockneter, dürrer Ast zerbrechen, wenn der Wind über das Gewohnte hinaus um die Ohren bläst.

Stehe ich zu meiner Sexualität und setze ich mich ihrem Verlangen aus, komme ich in Berührung mit meinen Kräften und meinen Säften und mache sie fruchtbar für mein Leben, auch für mein spirituelles Leben. Hermann Stenger (1988) meint bezogen auf die Integration sexueller Triebimpulse, daß ein stark gewordenes Ich die Basis für die Fähigkeit darstellt, die Triebimpulse zu beherrschen. Das heißt ein stark gewordenes Ich vermag die Triebimpulse nach Befriedigung aufzuschieben oder auf Befriedigung auf Dauer zu verzichten. Diese Fähigkeit kommt, so Hermann Stenger, allen Lebensformen zugute, spielt jedoch in der spirituell motivierten Ehelosigkeit eine besondere Rolle.

Wer zu seinen Kräften steht, sie zuläßt, der kommt einhergehend damit auch mit seiner Ich-Stärke in Berührung. Er ist dann auch zunehmend bezogen auf seine Sexualität wie ein Halm, am Ufer eines Flusses, der sich im Winde wiegt und dem Wasserstrom standhält, weil er flexibel ist, weil er fest verwurzelt ist und dadurch mit seinem Leben, seiner Lebenskraft, seinen Lebenssäften in Berührung steht. Jener geht auf sein Ziel zu, sucht nach Wegen und Stützen, die ihm dabei helfen, vergewaltigt sich dabei aber nicht und ist sich bei aller Disziplin, die er sich abverlangt, nicht unbarmherzig sich selbst gegenüber. Vor allem aber ist er bereit, all die Stärken und Schwächen, Erfolge und Mißerfolge, die er dabei erlebt, offen vor Gott zu tragen, in der Gewißheit und dem Vertrauen, in seiner Stärke und Schwachheit vor seinen Augen bestehen zu können.

5. KAPITEL

STÜTZEN FÜR EIN ZÖLIBATÄRES LEBEN

> Hat man keine Gemeinschaft mit den
> Brüdern und auch keine Gemeinschaft
> mit Gott, dann wird sich das Herz ver-
> härten oder vor Angst zerspringen.
> Denn Körper und Herz haben ihre eige-
> nen Gesetze, die man nicht ungestraft
> übergehen kann. Der Mensch braucht
> einfach eine Familie: Ein Zuhause, wo er
> leben kann.
>
> *Jean Vanier*

1. EINSAMKEIT UND ZÖLIBATÄRES LEBEN

Für Harry Stack Sullivan ist das Gefühl von Einsamkeit Ergebnis erfolglosen Bemühens nach Intimität (vgl. Goergen
1979,189f.). Entwicklungspsychologisch gesehen zeigt sich
unser Bemühen, Einsamkeit zu überwinden, in dem Verlangen
nach Kontakt, Berührung, Annahme, Kameradschaft, Gemeinschaft und schließlich auch in dem Verlangen nach sexueller
Intimität.

Diesem im Grunde genommen ein ganzes Leben während-
en Bemühen und Verlangen, Einsamkeit zu überwinden, muß sich
auch ein zölibatär lebender Mensch in den unterschiedlichen
Phasen seines Lebens stellen, will er in der Lage sein, zölibatär
zu leben. Das heißt auch, daß dem Zölibatär viele Weisen, Einsamkeit zu überwinden, nicht nur gegeben sind, sondern ihre
Wahrnehmung und Verwirklichung gleichsam selbstverständ-

77

lich und notwendig sind für seine gesamte menschliche Entwicklung. Was ihm oder ihr dann aufgrund der Entscheidung, zölibatär zu leben, an Alleinsein bleibt, ist und mag immer wieder auch schmerzvoll sein und auch einen Verzicht darstellen.

Das zölibatäre Leben ist aber dann, wenn jemand die üblichen und selbstverständlichen Formen der Überwindung von Einsamkeit in seiner Entwicklung erfahren und wahrgenommen hat, wie Kontakt, Berührung, Zärtlichkeit, Kameradschaft, Annahme, Freundschaft, nicht mit etwas befrachtet, das nicht notwendigerweise zum zölibatären Alleinsein gehören muß.

Es gibt auf der anderen Seite Zölibatäre, die sich wie gefangen erleben, unfähig sind, auf jemanden zuzugehen. Andere wieder isolieren sich total, ziehen sich zurück, begegnen Menschen nur beruflich und da noch mit steifem Rücken und ständig auf Distanz bedacht. Zur gleichen Zeit sind sie aber auch traurig, weint ihre Seele vor Sehnsucht nach Nähe, Austausch, Kontakt, Gemeinschaft mit anderen. Sie wollen heraus aus dem Gefängnis und der Isolation, können es aber nicht. In solchen Situationen kann man sehr schnell zu dem Fehlschluß kommen, das Zölibat alleine sei für diese Erfahrungen verantwortlich.

Dabei sind es vermutlich im Laufe des bisherigen Lebens nicht erfahrene und wahrgenommene Möglichkeiten der Überwindung von Einsamkeit, die dafür verantwortlich sind. In einer solchen Situation ist es daher wichtig, daß bisher nicht stattgefundene Entwicklungsprozesse – zum Beispiel die Befähigung zur Intimität – nachgeholt werden, so etwas wie ein „Nachreifen" stattfindet. Bis der einzelne so weit ist, daß er spürt, nicht zur Einsamkeit verurteilt zu sein, daß ihm und ihr eine ganze Palette von Möglichkeiten zur Verfügung stehen, um dem tiefen Verlangen nach Überwindung der Einsamkeit nachkommen zu können. Neben der Erfahrung existentiellen Alleinseins, der sich jeder Mensch, ob verheiratet oder zölibatär lebend, stellen muß, mag dann noch ein Rest von Erfahrung von Einsamkeit bleiben, die aus dem Alleinsein der zölibatären Situation erwächst. Diese Einsamkeit ist aber in der Regel auszuhalten und kann, wenn sie angenommen wird, zur Vertiefung des zölibatären Lebens beitragen.

2. EIN GROSSES PROBLEM FÜR ZÖLIBATÄRE: NICHT IN EINE FAMILIE EINGEBUNDEN ZU SEIN

Walter Friedberger sagt von den Priestern: Sie haben meist einen schönen Pfarrhof, Herz, was willst du mehr? Was vielen fehlt, sind Familie, Frau und Kinder.

Jeder Mensch hat die Möglichkeit, in seinem Leben drei Familien oder familienähnlichen Vereinigungen anzugehören, sagt Kenneth R. Mitchell (in: Huddleston 1984,101ff.). Die *erste* Familie ist die sogenannte Primär-Familie, die Familie, in die hinein man geboren wurde und in der man in der Regel aufgewachsen ist. Liebe, Kritik, Sorge, Pflege, Unterstützung und Erziehung erfährt man dort. Die Zeit, in der man in dieser Familie lebt, ist die Zeit der Kindheit und des Vorerwachsenenalters. Heiratet jemand, dann gründet er eine *zweite* Familie. Die Familie, die für Ehemann und Ehefrau die zweite Familie ist, ist für das Kind die erste.

Schließlich gibt es eine *dritte* Familie, die im engeren Sinne des Wortes keine Familie ist, sondern aus einer Gruppe von Menschen besteht, mit denen ich in meinem Alltag und in meiner Arbeit zu tun habe. In dieser Gruppe können familienähnliche Qualitäten beobachtet werden. Das heißt, wir neigen dazu, in unserer Arbeitswelt Menschen so zu behandeln, als wenn sie Menschen wären, die in unserer Primär-Familie für uns von Bedeutung waren. So haben wir oft Erwartungen gegenüber unserem Chef oder Mitarbeitern, die eher zu unseren Eltern, Geschwistern, Verwandten passen. Meinem Chef gegenüber mag ich mich so verhalten wie ich mich gegenüber meinem Vater verhalten habe. Wenn ich zum Beispiel Autoritätsprobleme habe, dann mag das unter anderem aus meiner Beziehung zu meinem Vater zu erklären sein. Eine entsprechende Übertragung auf das Verhältnis zum Oberen, der Oberin, dem Bischof oder der Mutter Kirche liegt auf der Hand.

Für einen zölibatär lebenden Priester oder eine Ordensfrau sieht die zweite Familie offensichtlich anders aus als für Verheiratete. Priester und Ordensleute müssen in der Regel auf die Annehmlichkeiten verzichten, die auf jene, die eine zweite Familie haben, zukommen. Zugleich sind sie auf der anderen Seite von den Pflichten entbunden, die sich aus dem Verheiratetsein beziehungsweise mit dem Familienleben ergeben. Das ist auch eine der Intentionen des zölibatären Lebens. Sie sind befreit von Verpflichtungen, um mehr für andere dasein zu können. Sie geben Verantwortung ab und übernehmen dafür eine neue, andere Verantwortung.

Doch wie steht es um die Annehmlichkeiten, die typisch sind für die zweite Familie, wie Sexualität, Berührung, Wärme, tiefe persönliche Beziehungen? In religiösen Gemeinschaften, in denen sich die Mitglieder wirklich begegnen und auch Nähe und Intimität zulassen, dürften manche der „Annehmlichkeiten", die für die zweite Familie typisch sind, erfahrbar sein. Das gilt auch für jene Zölibatäre, die in der Lage sind, tiefe bedeutsame und in diesem Sinne intime Freundschaften zu unterhalten und zu pflegen.

Wo das nicht der Fall ist, besteht die Gefahr, daß ich meine Bedürfnisse und Wünsche, die ansonsten in der zweiten Familie erfüllt werden, in meiner Arbeit, in meiner Beziehung zu den Menschen, mit denen ich oft zusammen bin, zu erfüllen suche. Das heißt, es kann zu einer Vermischung der zweiten und der dritten Familien-Struktur kommen. In einer gewissen Weise wird jeder immer wieder auch in seiner Arbeitswelt

Beziehungsmuster aus seiner Primär-Familie wiederholen. Bei jenen, die keine eigentliche zweite Familie haben, kommt aber dazu, daß die sogenannte dritte Familie zum Ersatz für die zweite Familie werden kann. Manche Überschreitungen von zölibatären Seelsorgern in ihren zunächst seelsorglichen Beziehungen lassen sich auf diesem Hintergrund erklären. Solche Überschreitungen können so weit führen, daß die in der zweiten Familie üblichen Annehmlichkeiten wie Intimität oder Sexualität in den Arbeitsbeziehungen gesucht und erfahren werden.

Sehr treffend beschreibt Henri Nouwen (1969,118f.) die Situation eines solchen Seelsorgers, wenn er von ihm sagt: „Sehr oft hat er sein privates Leben verloren, wo er mit sich selbst sein kann; auch hat er nicht eine Hierarchie von Beziehungen, die seine Schwelle hüten. Er ist freundlich zu jedermann, aber er hat keine Freunde für sich selbst. Er gibt immer einen Rat, aber er hat niemanden, zu dem er gehen kann mit seinen Schmerzen und seinen Problemen. Da er in seinem eigenen Hause kein intimes Zuhause vorfindet, streift er durch die Pfarrei, um Menschen zu finden, die ihm das Gefühl der Zugehörigkeit vermitteln und das Gefühl des Zuhauseseins. Der Priester, der ständig auf der Suche nach Freunden ist, braucht seine Pfarrangehörigen mehr als sie ihn brauchen. Auf der Suche nach Akzeptanz hält er sich an denen fest, die zu ihm kommen, ist abhängig von ihnen. Wenn er nicht eine persönliche Form von Intimität gefunden hat, wo er glücklich sein kann, werden die Pfarrangehörigen zu Objekten seiner Bedürfnisse, verbringt er viele Stunden mit ihnen, mehr um seine eigenen Bedürfnisse denn die ihren zu befriedigen. Auf diese Weise läuft er Gefahr, die Hierarchie seiner Beziehungen zu verlieren. Er fühlt sich nie sicher, ist immer in Alarmbereitschaft und erlebt sich schließlich als jemand, der furchtbar mißverstanden wird und einsam ist... Paradox ist, daß derjenige, dem gesagt worden ist, jedermann zu

lieben, sich selbst als jemand vorfindet, der ohne Freunde ist...
und dann kommt der Priester in eine Krisensituation."

Es ist auch eine Situation – innerlich und äußerlich –, in der er dann sein Verlangen nach Geborgenheit, Eingebundensein und Intimität in Beziehungen, bis hin zu sexuellen Beziehungen, sucht, die zum Teil zum Ersatz für die eigentlich ersehnte Intimität, Familiaritas, Trautheit, das ersehnte Zuhause-Sein werden können.

3. Der Mensch braucht eine Familie, ein Zuhause

Jean Vanier (1984), der Begründer der „Arche" sagt: „Sicher sollte für den gottgeweihten Mann oder die gottgeweihte Frau der Ort der Ruhe das Gebet sein, lange Augenblicke des inneren Einswerdens mit Jesus – aber um dieses Gebet wirklich zu leben, braucht man eine Gemeinschaft mit Geborgenheit und Zärtlichkeit. Hat man keine Gemeinschaft mit den Brüdern und auch keine Gemeinschaft mit Gott, dann wird sich das Herz verhärten oder vor Angst zerspringen. Denn Körper und Herz haben ihre eigenen Gesetze, die man nicht ungestraft übergehen kann. Der Mensch braucht einfach eine Familie: Ein Zuhause, wo er leben kann."

Um gesund und lebensbejahend zölibatär leben zu können, ist das Eingebundensein in ein Netz von Beziehungen notwendig. Es muß Menschen in meiner näheren und weiteren Umgebung geben, die für mich so etwas wie eine Familie, eine Gemeinschaft ausmachen. Es sind die Menschen, zu denen ich gehöre, oder die zu mir gehören. Es sind die Menschen, bei denen es mir warm ums Herz wird, wenn ich an sie denke oder unter ihnen bin. Mit ihnen verbindet mich eine familiäre Atmosphäre. Das heißt, mit ihnen zusammen zu sein, vermittelt mir das Gefühl, zu Hause zu sein. Hier bin ich einfach ich, angenommen, selbstverständlich angenommen und geschätzt, ohne etwas leisten zu müssen. Hier darf ich über das sprechen, was mich bewegt, komme ich in meiner Bedürftigkeit nach Annahme und Nähe auf meine Kosten.

Die Formen und Beziehungen, die familiäre Erfahrungen für den Zölibatären ermöglichen, sind vielfältig. Es können Mitbrüder sein, die miteinander wohnen oder einen regelmäßigen, engen Kontakt miteinander pflegen. Es können eigene Familienangehörige, die Pfarrhaushälterin, Freunde und Bekannte sein, die Hausgenossen sind oder zu denen ein sehr direkter, regelmäßiger und intensiver Kontakt besteht, auch so etwas wie ein selbstverständlicher Kontakt, der nicht erst immer wieder neu ins Leben gerufen und „hergeholt" werden muß. Wichtig ist dabei auch, daß dieses familiäre Netz auf der einen Seite tiefe Beziehungen ermöglicht, auf der anderen Seite aber nicht zu sehr belastend wird durch vor allem innere Abhängigkeiten, die eher einengen und die eigenen Entfaltungsmöglichkeiten beeinträchtigen.

4. Die Bedeutung der privaten Lebenssituation und Lebensgestaltung

Für den, der zölibatär leben will, ist es wichtig, daß er ein Zuhause hat: ein inneres und äußeres Zuhause, jenes Gefühl sich immer wieder in ihm breit machen kann, zu Hause zu sein, sich wohl zu fühlen, dazuzugehören, angenommen zu sein. Und dann auch in Beziehungen zu leben, die das Gefühl, dazuzugehören, konkretisieren und verstärken. Zugleich ist es aber auch wichtig, ein äußeres Zuhause zu haben. Einen Ort, einen Raum zu haben, der mein Zuhause ist, in dem ich mich wohlfühle.

Ich habe vor einiger Zeit einen Theologen und Psychotherapeuten getroffen, der viel mit Priestern zu tun hat und der mir sagte: Es gibt immer mehr verlotterte Priester. Er meinte damit, daß immer mehr Priester alleine leben, mit der Folge, daß das Ambiente eines Zuhause zunehmend zu kurz kommt und einhergehend damit Kulturlosigkeit ins Pfarrhaus einzieht. Diese Kulturlosigkeit und das Unbehaustsein sind nicht selten Ausdruck eines inneren Unbehaustseins. So sagt auch Anselm Grün (1992,29): „Wie ich mein Zuhause, mein Zimmer, gestalte und forme, da drückt sich die Seele aus." Weiter meint er: „Alle äußeren Dinge sind wichtig. In ihnen drückt sich die Seele aus und sie wirken auf die Seele zurück. Sie kennen das alle vom Autofahren. Beim einen fühlt man sich wohl, beim anderen steigt man unwillkürlich in Gedanken ständig auf die Bremse. Da begegnen Sie sehr hautnah der Seele des anderen in ihrer Auswirkung auf Sie."

Wie gestalte ich als Priester, als Ordensfrau mein Zuhause, meine Zelle? Gibt es wenigstens einen Raum, in dem ich mich wohlfühle, in dem ich zu Hause bin? Nehme ich mir Zeit, diesen Raum, was die Möbel, den Teppich, die Bilder betrifft, nach meinem Geschmack und nach meinen Interessen zu gestalten? Oder ist mir das alles eher egal beziehungsweise halte ich das für Zeitverschwendung? Hat mein Zimmer, meine Wohnung, mein Haus, etwas Einladendes, wo auch andere sich wohlfühlen können, ich andere gerne als Gäste empfange?

Aus was besteht meine Welt als Seelsorgerin und Seelsorger? Was hege ich, was pflege ich? Was prägt, formt mich? Was ist der Stoff, aus dem mein Leben, ja meine Träume, sind? Bin ich ein Workoholiker, der schafft, schafft, schafft, organisiert, managt? Jemand, auf dessen Grabstein eines Tages stehen wird: Er hat sein ganzes Leben lang gearbeitet. Genau das könnte am Ende des Lebens eines Ochsen auch bilanziert werden: Er hat sein ganzes Leben lang gearbeitet und geschuftet. Bin ich einer, der einen Termin nach dem anderen wahrnimmt? Dabei durchaus noch da und dort, wenn es sich gerade anbietet, eine Ausstellung oder ein Konzert „mitnimmt"? Den Tag mit den Tagesthemen und einem Bier beendet als einziges Zugeständnis nach einem streßvollen Tag?

Wie sieht meine geistige Nahrung aus? Das Heimatblättchen – die unverzichtbare Pflichtlektüre, man muß ja wissen, was vor Ort los ist –, vielleicht noch die Frankfurter Allgemeine oder Süddeutsche Zeitung? Aber GEO oder andere historisch, kulturell, künstlerisch ausgerichtete Zeitschriften – wie und vor allem wann käme ich denn dazu? Und theologische Zeitschriften? Die eine oder andere habe ich zwar abonniert, vor allem solche, wo etwas für die Sonntagspredigt abfallen kann. Aber sonst? Meistens kann ich davon sowieso nichts für die Praxis verwenden. Oder wie wäre es, den neuesten Roman von Martin Walser zu lesen, vielleicht sogar auch einmal wieder den alten Goethe oder Stefan Zweig in die Hand zu nehmen?

Wie gestalte ich meine Freizeit? Gibt es wirklich Zeit, die ich ganz bewußt als freie Zeit gestalte? Ausschlafen, ein Besuch in der Sauna, vielleicht sogar ganz bewußt ein Besuch im Kino, Theater oder Konzert? Vielleicht auch eine Wanderung, ein schönes Essen mit Freunden, oder ich gehe endlich mal wieder fischen. Oder ich mache, wonach es mich schon lange verlangte: Ich stehe sehr früh auf und gehe durch die menschenleere Stadt oder noch vor Sonnenaufgang hinaus aufs Land, beginne meinen Tag, wenn die Nacht gerade dem Tag das Zepter übergibt, genieße die Frische des Morgens, das Umfaßt-Sein von der Natur, versuche in Beziehung und Kontakt mit Gott zu kommen und spreche in diese Situation und Erfahrung hinein die Psalmen als Morgenlob, um mich dann auswärts oder zu Hause bei einem schönen Frühstück an einem aufmunternden Kaffee zu erfreuen.

Die Frage ist, wie ich das, was ich tue, tue. Wie stehe ich morgens auf? „Welche Rituale habe ich, den Tag zu beginnen und ihn zu beschließen? Morgens in der letzten Minute aufzustehen und das Frühstück hinunterzuschlingen ist auch ein Ritual, aber eines, das krank macht", sagt Anselm Grün (1992,30). Oder, so fragt er weiter, wie sieht zum Beispiel der Abend des zölibatären Priesters aus? Oft kommt er frustriert von irgendwelchen Sitzungen heim und hat dann zu nichts mehr Lust. Er stopft seinen Ärger zu durch Essen, Trinken oder durch Fernsehen. Dann fällt er müde ins Bett. In den Ritualen soll das zum Ausdruck kommen, was mir wichtig ist, was ich bestärken will. „In den Ritualen entdecke ich meine Identität" (30).

Je ausgeglichener jemand ist, desto größer dürfte seine Chance sein, zölibatär leben zu können. Ausgeglichen meint hier zunächst einmal die menschliche Situation und dabei auch die menschlichen Bedürfnisse nach Intimität, Annahme, Selbstbestimmung, Zugehörigkeit ernstzunehmen. Ausgeglichen zu sein meint dann weiter, anscheinend banale Dinge zu beachten wie genügend zu schlafen, die eigenen Grenzen der Belastbarkeit zu kennen und zu akzeptieren, Hobbies zu haben. Es ist von daher nicht erstaunlich, daß unter denen, denen es gelungen ist, zölibatär zu leben, nicht wenige sind, die beispielsweise fischen gehen oder viel wandern (vgl. Sipe 1992). Oder sie pflegen ein kulturelles Leben und gehen regelmäßig ins Theater oder ins Konzert. Sie sind in der Lage, sich etwas zu gönnen und können auch einmal etwas genießen. Ein Priester drückt das mit folgenden Worten aus: „Wenn ich mir nicht genug erlaubte Freuden sichere, besteht die Gefahr, daß ich unerlaubte Freuden suche" (vgl. Sipe 1992).

Stabilisierend für ein zölibatäres Leben kann es auch sein, einer geregelten Arbeit nachzugehen. So schreibt Richard Sipe (1992,312): „Der Zölibat eines Mannes ist untrennbar mit Arbeit verbunden, und zwar mit Arbeit als Bewältigung, das heißt dem produktiven Gebrauch der Eigenenergien und Zeit, nicht so sehr mit bestimmten Aufgaben" (1992,317). Weiter kann es eine Stütze für den Zölibat sein, die eigene Arbeit als Dienst zu sehen. In meinem Dienst für die anderen tue ich etwas, das über mein Ich hinausgeht. Schließlich kann auch eine bestimmte Ordnung ein stabilisierendes Moment für ein zölibatäres Leben sein. „Wer seine Zeit und Energie nicht organisieren kann, wird der Befriedigung beraubt, die mit Bewältigung und Vollendung einhergeht – gerade jenen Elementen der Schaffenskraft, die den Verzicht auf sexuelle Befriedigung erst möglich machen" (325).

5. Der offene Austausch miteinander

Ein stabilisierendes Element zölibatären Lebens stellt der offene Austausch zölibatär Lebender untereinander dar. Unter offenem Austausch verstehe ich dabei, daß Männer und Frauen, die sich für ein zölibatäres Leben entschieden haben, sich immer wieder gegenseitig stützen in diesem Vorhaben. Das aber können sie nur, wenn sie in großer Offenheit über die schönen und die schweren, belastenden Erfahrungen ihres zölibatären Lebens miteinander sprechen. Dabei darf das Thema Sexualität nicht ausgespart bleiben. Da dürfen auch meine Probleme mit meiner Sexualität nicht außen vor bleiben. So darf es eigentlich nicht passieren, daß ich mich jede Woche mit Mitbrüdern treffe, um mit ihnen zu beten, mit ihnen etwas zu unternehmen, mich mit ihnen auszutauschen, diese aber über Jahre hinweg nicht die leiseste Ahnung haben, daß ich in einer sexuellen Beziehung zu einer Frau lebe. Beziehungsweise, daß es einen Menschen in meinem Leben gibt, der mir eigentlich am meisten bedeutet. Oder daß ich über Jahre alle zwei Wochen mich mit einem halben Dutzend Mitbrüdern zum Austausch treffe und ich mich nicht getraue, ihnen mitzuteilen, daß ich homosexuell bin – aus Angst vor Abweisung und Verurteilung.

Hier geht es darum, daß zölibatär Lebende sich gegenseitig begleiten, ermutigen, stützen auf ihrem zölibatären Weg, gerade auch dann, wenn sie dabei sind, von diesem Weg „abzutriften". Es geht darum, die Erfahrung machen zu dürfen, daß es vielen anderen genauso geht wie mir, sie ähnlichen Gedanken, Erfahrungen ausgesetzt sind, sie gegebenenfalls auch einmal straucheln, um dann aber wieder aufzustehen. Es geht darum, sich gegenseitig mitzuteilen, was der oder die einzelne als Hilfe bei seinem oder ihrem Versuch und Bemühen, zölibatär zu leben, erfährt. Es geht darum, mit Menschen zu sprechen, von denen ich annehmen darf, daß sie mich verstehen, weil sie sich in der gleichen Situation befinden. Hier geht es auch darum, mich von den anderen konfrontieren zu lassen, um die correctio fraterna, die dann eine Chance hat, bei mir anzukommen und mich konstruktiv herauszufordern, wenn ich zugleich auch die echte mitbrüderliche und mitschwesterliche Für-Sorge und Zuneigung spüre.

Für zölibatär Lebende ist es dabei auch wichtig, immer wieder die Unterstützung jener zu erfahren, die mit ihnen den gleichen Lebensstil teilen. Ich möchte damit die Unterstützung, die Zölibatäre durch Männer und Frauen, die nicht zölibatär leben, erfahren, nicht herabsetzen. Um der Stärkung der zölibatären Identität willen ist aber der gemeinsame Austausch mit solchen, die sich für den gleichen Weg entschieden haben, von großer Bedeutung. Dabei genügt es meiner Ansicht nach allerdings nicht, daß man meint, das bloße Sprechen von der priesterlichen Communio oder klösterlichen Gemeinschaft, das bloße routinemäßige Treffen miteinander oder das miteinander Beten alleine reiche aus. Es genügt nicht, wenn sich Priester oder Ordensleute treffen und im Grunde genommen bei einem solchen Treffen sich wie Objekte begegnen, die aneinander vorbeilaufen. Es genügt nicht, wenn es dabei bei oberflächlichen Begegnungen bleibt, so wichtig ein sich einfach Begrüßen, ein Plausch, miteinander Kaffee trinken usw. sein kann. Sich gegenseitig zu stützen auf dem Weg des zölibatären Lebens verlangt mehr. Es verlangt sich auszutauschen, sich gegenseitig zu öffnen, auch sich gegenseitig zu zeigen in den Stärken und Schwächen, beim Bemühen zölibatär zu leben. Wo es passiert – und das ist nach meinen Erfahrungen oft der Fall –, daß zölibatär Lebende eigentlich in der Begegnung mit Nichtzölibatären sich besser verstanden fühlen, offener über sich und ihre Wirklichkeit, auch ihre wirkliche Not sprechen können als mit Zölibatären, stimmt irgendetwas nicht. Zumindest dann, wenn das die Regel ist.

6. Eine dynamische, „unvollkommene" Sichtweise von zölibatärem Leben

Die Fähigkeit, das sexuelle Verlangen entsprechend der für das eigene Leben gewählten Orientierung auszurichten, wird mir nicht einfach geschenkt – auch nicht von Gott. Sie wird mir auch nicht durch ein Versprechen oder Gelübde allein vermittelt. Und ich erlange diese Fähigkeit nicht von heute auf morgen. Im Grunde genommen ist es ein mein ganzes Leben begleitendes Unterfangen und Bemühen, gezeichnet von Erfolgen und Mißerfolgen, Zeiten, in denen es mir leicht fällt, und Phasen, in denen ich glaube, daran zu zerbrechen. Das mag für den einen stärker, für den anderen weniger stark ausgeprägt zutreffen.

Diese dynamische, „unvollkommene" Sichtweise von zölibatärem Leben – die ja auch genauso auf das eheliche Leben übertragen werden kann – sollte offener gerade auch gegenüber Jüngeren und da vor allem angehenden zölibatär Lebenden zugestanden werden. Es sollte auch offener von jenen zugestanden werden, die über viele Jahre und Jahrzehnte sich nach bestem Können bemühten und bereit waren, zölibatär zu leben. Von den älteren Priestern und Ordensleuten wünschte ich mir daher eine größere Bereitschaft, den Schleier der Unsichtbarkeit zu lüften und die Mauer des Schweigens zu durchbrechen, wo es um ihre konkrete, geerdete, wirklich menschliche, manchmal auch harte, mit großer Not und Verzweiflung, mit großem Glück und Seligkeit verbundenen Erfahrungen ihres zölibatären Lebens geht.

Was dabei ans Licht und ins Wort kommt, dürfte sich als Schatz erweisen. Als eine mit kostbaren menschlichen Erfahrungen angefüllte Truhe, Perlen vergleichbar, jede anders, mal funkelnd, mal matt, mal wunderschön geschliffen, mal gebrochen, mal zertrümmert. Vor allem aber wird es etwas Lebendiges sein, was einem aus dieser Truhe entgegenkommt. Wie heißt es doch bei Baruch (2,17 u. 18):

Nicht die Toten in der Unterwelt,
deren Geist aus ihrem Leben gewichen ist,
rühmen die Herrlichkeit und Gerechtigkeit des Herrn;
sondern die leben und sehr betrübt, gebeugt und schwach sind,
mit ausgeweinten Augen und hungriger Seele,
die rühmen, Herr,
Deine Herrlichkeit und Gerechtigkeit.

Es sind die wirklichen menschlichen Erfahrungen, in denen ich aus mir herausgetreten bin, Leben gewagt habe, bei denen ich weitergekommen, hingefallen, gescheitert bin, die von Belang sind, die letztlich auch zählen, etwas *wirklich* machen und schließlich auch mir helfen und mich dabei stützen, zölibatär leben zu können. Und es ist das Mitteilen dieser Erfahrungen gegenüber anderen, darunter Mitbrüdern und Mitschwestern, die mich bestärken, herausfordern können bei meinem Bemühen und Versuch, zölibatär zu leben.

Wo ich mich dagegen aus Angst vor möglicher Verurteilung, Sanktionen, Kritik, verschließe, den ganzen sexuellen Bereich des zölibatären Lebens zur Privatsache erkläre, vorenthalte ich anderen etwas sehr Wertvolles und nehme mir selbst Möglichkeiten, die mir Hilfe und Stütze bedeuten könnten bei meinem zölibatären Leben, laufe ich Gefahr, mich zu verrennen, da ich mich der sehr wohl notwendigen kritischen Rückmeldung durch andere entziehe.

Wo es mir gelingt, transparent mit meinem Bemühen, zölibatär zu leben, umzugehen, kann ich verhindern, daß ich verroste, vor lauter Willensanstrengung und Überforderung im wahrsten Sinne des Wortes erstarre, mir die Vollkommenheit so wichtig ist, daß ich mich selbst dafür opfere. Ich kann aber auch verhindern, daß ich resigniert und desillusioniert mich auf Seitenwege begebe, die mich schließlich von meinem zölibatären Lebensstil wegführen können.

Diese dynamische Sicht und Erlebnisweise zölibatären Lebens vermittelt ein realistischeres Bild vom Zölibat, das sich wohltuend und Erleichterung verschaffend von einem starren, nur am Ideal ausgerichteten und von daher betrachteten Schema zölibatären Lebens unterscheidet. Es duftet und schmeckt dann auch mehr nach wirklichem Leben, vermittelt auch mehr von seiner Buntheit und Wirklichkeit als es trockene, abstrakte, philosophisch und theologisch noch so glänzend formulierte Reflexionen über das zölibatäre Leben vermögen. Dann hat das zölibatäre Leben auch wieder etwas mehr mit mir als Menschen mit all meiner Menschlichkeit zu tun und bleibt nicht länger etwas Abgehobenes, eigentlich Unerreichbares. Und es wird zu etwas, das mich jeden Tag herausfordert, nicht als selbstverständlich gegeben vorausgesetzt werden kann, sondern das es täglich zu leben, von mir her zu gestalten gilt.

7. EINE TIEFE, INTIME, PERSÖNLICHE BEZIEHUNG ZU GOTT

Wenn das zölibatäre Leben ein Zeichen sein soll für etwas, das über die gängigen Denkkategorien hinausgeht, diese Denkkategorien verrücken soll, so sehr, daß der Blick für eine neue Sicht und eine neue Dimension eröffnet wird, wenn das zölibatäre Leben Zeichen sein soll für etwas, das über den Tod hinausgeht, dann kann es auch gar nicht anders sein, als daß ich mit dieser Dimension, die uns übersteigt, die über den Tod hinausgeht, ständig in Berührung bin. Dann kann es gar nicht anders sein, als daß ich mich immer wieder aufmache, mit Gott in Kontakt und Berührung zu kommen. Es ist für mich von daher auch gut nachvollziehbar, daß jene am ehesten in der Lage sind, zölibatär zu leben, die jeden Tag – bis zu zwei Stunden – sich Zeit nehmen für diese Kontaktaufnahme mit Gott, sie pflegen und kultivieren. Zeiten, in denen sie eintauchen in ihre Beziehung zu Gott, sich innerlich mit all dem, was sie ausmacht, an Ihm ausrichten, sich Ihm hinhalten und all ihr Seufzen und Sehnen auf Ihn hin zulassen. Es sind die Momente, in denen sie sich wieder ihren Pol, ihren Halt, ihre Verankerung, vergegenwärtigen. Werden sie doch immer wieder davon weggerissen, setzen sie sich doch immer wieder dem Sog der Welt aus, die sie tagtäglich umgibt, der sie sich nicht entziehen, der sie aber nicht verfallen dürfen.

Eine intensive, gelebte, den ganzen Menschen in Beschlag nehmende, tiefe, intime und persönliche Beziehung zu Gott ist das Fundament eines zölibatären Lebens, das lebensbejahend ist und die beste Chance hat, einen entscheidenden Beitrag zu einem geglückten Leben als zölibatär Lebender zu leisten. Nicht wenige Probleme, die im Zusammenhang mit dem zölibatären Leben auftreten, haben damit zu tun, daß dieses Fundament einer lebendigen Gottesbeziehung erheblich beschädigt ist. Ist das aber der Fall, ist der Anfälligkeit für Strebungen,

Stimmungen, Verlockungen, die vom zölibatären Leben wegführen, Tür und Tor geöffnet.

Bei der tiefen, intimen und persönlichen Beziehung mit Gott muß es sich nicht um eine außergewöhnliche Erfahrung handeln, etwa im Sinne einer ekstatischen Erfahrung, wie sie für den Schamanen typisch sein kann. Intime Beziehung mit Gott meint, innerlich in eine tiefe Verbindung mit Gott einzutreten, eine Beziehung, die von tiefem Vertrauen getragen ist und bei der ich meine innigste Verbundenheit mit Gott spüre. „Es ist eine auch gefühlsmäßig spürbare, mich in meinem Gemüt und gefühlsmäßigem Empfinden zutiefst ansprechende Erfahrung angesichts Gottes Gegenwart und Wirken. In den beglückenden Momenten ist es eine Erfahrung, auf eine wunderbare und intime Weise berührt, geliebt, umsorgt zu sein – und dazu fähig zu sein, aus einer der Kontrolle entzogenen und bisher unbekannten Tiefe heraus darauf zu reagieren. In Momenten des Schmerzes läßt diese Erfahrung den Betrachtenden den anderen auf eine Weise wahrnehmen, die nicht zu umgehen ist und nicht bagatellisiert werden kann... . Es scheint, daß ein religiöses Leben, das nicht wenigstens einige Erfahrungen der Vereinigung mit Gott kennt, so selten und so kurz auch solche Momente gewesen sein mögen, und so sehr sie auch mit der Erfahrung von Trockenheit und Leid verbunden sein mögen, auf das wichtigste Element verzichten muß, wenn es darum geht, konstruktiv damit fertig zu werden, daß man ohne einen menschlichen Lebenspartner lebt. Weiter ist es schwer nachvollziehbar, wie eine Person, die im Laufe ihres Lebens tiefe und verbindliche menschliche Beziehungen unterhält, ihrer zölibatären Verpflichtung gerecht werden kann, wenn nicht zugleich eine wirklich erfahrene Vereinigung mit dem Einen, für den sein oder ihr Leben hingegeben worden ist, den entsprechenden Kontext dafür abgibt" (Schneiders 1986, 222).

Diese tiefe, innige Kontaktaufnahme mit Gott kann in der Eucharistiefeier oder beim Breviergebet geschehen, wenn dabei über den äußeren Vollzug hinaus mein Herz beteiligt ist, es wirklich zur Begegnung mit Gott kommt. Routinemäßiger Vollzug – und wenn er scheinbar noch so religiös ist – ermöglicht das aber nicht, er verunmöglicht es eher. „Intimität mit Gott, nicht routinemäßige Pflichterfüllung, sondern wirklich erfahrene Vereinigung mit dem Einen, den wir kennen (nicht an den wir denken oder an den wir glauben, sondern den wir *kennen*) und der uns persönlich, zärtlich und auf eine Leib und Seele erfüllende Weise liebt, die die Kommunikation mit anderen herausfordert, zugleich aber auch auf tiefe Weise unser Herz nährt, ist von fundamentaler Bedeutung für ein Leben religiös motivierten Zölibats... Intimität mit Gott ist nicht ein Weg, ein sinnvolles religiöses Leben zu führen. Es ist der einzige Weg. Sie sind für den Priester und für die Ordensperson von der gleichen Bedeutung wie die Intimität für den Verheirateten mit dem Ehepartner ist, aus genau den gleichen Gründen heraus" (223).

8. Die wahre Gottesliebe fängt mit der Menschenliebe an

Es handelt sich dabei um eine tiefe, intime, persönliche Beziehung zu Gott, die aber nicht an die Stelle zwischenmenschlicher intimer Beziehungen tritt. Es ist eine Beziehung zu Gott, die deswegen auch als eine so intime, tiefe, persönliche Beziehung gelebt und erlebt werden kann, weil die menschlichen Voraussetzungen, die gegeben sein müssen, um in eine intime Beziehung eintreten zu können, gewährleistet sind. Es ist das Zulassen und Erfahren menschlicher Intimität, die der intimen Beziehung zu Gott überhaupt erst die Bahn ebnet. Und es ist gerade das Erfahren dieser intimen Beziehung zu Gott, die entscheidend dazu beiträgt, daß ein zölibatär Lebender ein eheloses Leben nicht nur erträgt und ausfüllt, sondern auch gerne lebt und zu genießen vermag. „Die Tatsache, daß ein Mann sein Herz auf eine Frau zentriert, bedeutet nicht *notwendig,* daß dieser Mann sich in seiner Beziehung zum Göttlichen gefühlsmäßig ‚neutralisiert‘ findet. Durch den weiblichen Stern *hindurch* kann die göttliche Sonne *(weil* viel stärker) noch wahrgenommen werden. Sie kann scheinen, und selbst mit einem lebendigeren Ausbruch, auf der gleichen Linie und darüber" (Teilhard de Chardin 1988,125).

Ein Verständnis einer intimen Beziehung zu Gott, wie ich sie hier aufgezeigt habe, unterscheidet sich von jener Vorstellung, die den Eindruck erweckt, als könne eine intime Beziehung an den Menschen vorbei mit Gott gelebt und am Leben erhalten werden. Das aber heißt, um in eine lebendige, tiefe intime Beziehung mit Gott treten zu können, muß ich beziehungsfähig sein. Gott kann nicht etwas sein, das mir gegenüber gestellt wird oder über mir thront. Gott ist mein Gegenüber im Sinne von Ich-Du. Er ist mir am nächsten. Aber ich sage das nicht nur, will das nicht nur, beschwöre das nicht nur, theologisiere das nicht nur. Ich habe diese Beziehung. Ich lebe diese Beziehung. Ich lebe sie, wie ich die Beziehung zu einem Freund, meinem Ehepartner lebe und pflege. Ich hacke diese Seite nicht einfach an mir ab, indem ich mein Brevier bete, meinen religiösen Pflichtübungen nachkomme. Ich lebe tagtäglich in dieser Beziehung, gebe und nehme in ihr. Diese Beziehung macht die Mitte meines Lebens aus. Von ihr her entscheide ich alles andere in meinem Leben. Es muß vor ihr Bestand haben können.

Eine solche, die Mitte meines Lebens ausmachende Beziehung verlangt von mir flexibel, lebendig zu sein, mit dem wirklichen Leben in mir und um mich herum in Berührung zu sein. Sie setzt voraus, auch auf der zwischenmenschlichen Ebene beziehungsfähig zu sein, in wirklichen Kontakt mit anderen Menschen treten zu können, mein Ich zu überschreiten und mich auf andere einzulassen, mich in der Begegnung mit ihnen zu erweitern. Wer daher meint, seine Beziehung zu Gott sei ausgezeichnet und ein kurzer Blick auf sein Leben genügt, um zu sehen, wie beziehungsunfähig jener, der das sagt, in Wirklichkeit ist, der sitzt einer gewaltigen Täuschung auf. Denn wahre Gottesliebe fängt, wie Martin Buber sagt, mit der Menschenliebe an.

Ich kann nicht am Mitmenschen vorbei eine Beziehung zu Gott haben, erhalten, pflegen und leben. Aber ich vermag in der liebevollen Hingabe und Treue meiner Beziehung zu Gott das Fundament finden und die Kraft erhalten, die es mir möglich machen, ein Leben in sexueller Enthaltsamkeit zu führen. Ich vermag das, weil dann meine Sehnsucht nach der Nähe und der Vereinigung mit einem anderen, eingeschlossen all der Erfahrungen die damit einhergehen, in der Begegnung, Beziehung, Nähe und Vereinigung mit Gott gestillt wird. Ja in einer Tiefe erfahren werden kann, die mich weiter werden läßt, mich spirituell wachsen, mich noch mehr, ohne den Boden dabei unter den Füßen zu verlieren, in die Nähe dessen bringt, dem nahe zu sein mir höchste Erfüllung bedeutet.

Damit ich nicht vom Boden abhebe – und das ist wichtig und gleichsam Voraussetzung dafür, daß meine Beziehung zu Gott mich nicht abheben läßt und damit letztlich belanglos wird –, ist es wichtig, immer mit meiner menschlichen Seite in Berührung zu bleiben und diese entsprechend zu beachten. Das gilt auch für die Sexualität.

9. „MEIN GANZER MENSCH VERLANGT NACH DIR"

Bei manchen zölibatär lebenden Menschen hat eine ablehnende Haltung gegenüber der menschlichen Dimension, soweit sich diese in der Sexualität zum Ausdruck bringt, dazu geführt, daß ihr Herz in seinem Verlangen, sich im Leidenschaftlichen, Sinnlichen, Gefühlvollen, Zärtlichen, Spielerischen, Kreativen auszutoben und zu verwirklichen, erheblich beschnitten worden ist. Ständig werden ihm in seinem Verlangen, sich in diesen Bereichen auszuleben, die Flügel gestutzt, bis es schließlich resigniert, sich in sich kehrt, verstummt, vielleicht noch leise vor sich hin weint. Auch wenn der zölibatäre Priester, die ehelosen Ordensleute, gehalten sind, auf das Leben und Ausleben ihrer genitalen Sexualität zu verzichten, heißt das nicht, daß sie damit auf ihre Leidenschaft, das Vitale, Leidenschaftliche, das Sinnliche, Spritzige, Farbenprächtige in sich und in ihrem Leben verzichten müssen. Ihre Lebenssäfte dürfen dadurch nicht blockiert werden. Durch sie erhält ihr Herz die lebensnotwendige Energie. Über sie verbreitet sich ihr Herz auf den ganzen Menschen und die Menschen ihrer Umgebung, die Menschen, für die sie da sind und da sein wollen. Diese Lebenssäfte und -kräfte bahnen sich auch den Weg zu einer lebendigen, den ganzen Menschen umfassenden Beziehung zu Gott.

„Gott, du bist mein Gott, den ich suche.
Es dürstet meine Seele nach dir,
mein ganzer Mensch verlangt nach dir
aus trockenem, dürrem Land, wo kein Wasser ist." (Ps 63,2)

Mein ganzer Mensch,
alles was in mir ist,
was mich ausmacht,
verlangt nach dir,
mein Gott.

Mein Mutterschoß, meine Eingeweiden
lärmen hin zu dir,
mein Gott.

Mein Herz will hinströmen zu dir,
sich in dein Herz ergießen.

Mit ausgebreiteten Händen,
offenem Herzen,
in Berührung mit all meinem Sehnen,
zulassend mein sexuelles Verlangen,
mein Verlangen nach Nähe, Liebe, Berührung und Geborgenheit
bin ich bereit für dich,
deine alles umfassende und alles überschreitende Liebe zu
empfangen
und mich dir,
mit allem, was ich bin und habe,
hinzugeben.
„Es dürstet meine Seele nach dir,
mein ganzer Mensch verlangt nach dir."

6. KAPITEL

ZÖLIBATÄRE LIEBE UND FREUNDSCHAFT

> Jesus liebte und wurde geliebt, er berührte und wurde berührt. Er hatte Beziehungen, die nicht nur öffentlich waren und er entging nicht bösartiger Argwöhnung eifersüchtiger Beobachter. Er schützte sich nicht vor intimen Beziehungen vor Männern und Frauen durch Kleidung, Titel, Lebensstil, Verhalten oder bestimmte Einstellungen.
>
> *Sandra Schneiders*

1. DIE SEHNSUCHT NACH TIEFEN, BEDEUTUNGSVOLLEN BEZIEHUNGEN

Zölibatär lebende Menschen haben auch die Möglichkeit, in der Form tiefer, freundschaftlicher Beziehungen zu einem oder mehreren Menschen, Frauen und Männern, ihr Verlangen nach Liebe, Zugehörigkeit, Intimität zu leben. In solchen Beziehungen können und dürfen sie erfahren, daß es wenigstens einen Menschen oder einige Menschen gibt, denen sie *wirklich* und die ihnen wirklich etwas bedeuten, zu denen sie eine kontinuierliche, tiefe Beziehung haben. „Heute scheint es mir", so der Philosoph Paul K. Feyerabend wenige Wochen vor seinem Tod (1994, I), „daß Liebe und Freundschaft die wichtigste Rolle im Leben spielen und daß ohne sie selbst die höchsten Errungenschaften blaß, leer und gefährlich bleiben."

Jeder Mensch trägt in sich das Bedürfnis, wenigstens in der Begegnung mit einigen Menschen, ganz er selbst sein zu dürfen, einem anderen Menschen ohne Maske, ohne Fassade zu begegnen. In der Begegnung mit diesen Menschen, im Sein mit diesen Menschen, einfach der sein zu dürfen, der ich wirklich bin, und als solcher bedingungslos angenommen zu sein. Das gilt auch für den zölibatär lebenden Menschen. Für ihn ist es wichtig, daß er mit mindestens einem anderen Menschen, am besten aber mit einigen wenigen, eine innige Vertrautheit erlangt, die ihm gut tut, die ihm das Gefühl von Verbundenheit vermittelt, für ihn zugleich aber auch eine Bestärkung seiner zölibatären Identität darstellt. So sagt Richard Sipe (1992,325): „Die Männer, die den Zölibat vollendet hatten, schienen... etwas zu wissen, was andere nicht wußten: wie man Beziehungen von großer Befriedigung und Achtung auf beiden Seiten aufbaut, die die zölibatäre Identität bestärken, ohne sie mit klerikalem Putz und Staat zu befrachten." In diesen Worten drückt Richard Sipe sehr deutlich aus, was im Tiefsten unter Intimität zwischen zölibatär lebenden Menschen zu verstehen ist.

Für Christopher Kiesling (in: Huddleston 1984,150f.) zeigt sich eine lebendige zölibatäre Freundschaft in gegenseitiger Teilhabe, Unterstützung und Sorge füreinander. Die Freunde haben äußerlich und innerlich Anteil am Leben des jeweils anderen: „Reisen, Arbeit, Treffen, Projekte, Freizeit, Gedanken, Sehnsüchte, Furcht, Hoffnungen, Enttäuschungen, Ärger, Pläne, körperliche, seelische und spirituelle Schmerzen und Leiden. Diese Liste zeigt an, was man miteinander teilen und erfahren mag..." Unterstützung meint, dem anderen in dem, wo er mich teilhaben läßt, zu helfen, vielleicht auch ihn herauszufordern und zu bestärken, ihm zu verstehen geben, daß er mit mir rechnen darf. „Sorge meint, Interesse daran zu haben, an dem, was im Leben des anderen geschieht". Dabei handelt es sich um etwas, das wechselseitig zum Ausdruck gebracht wird.

Es ist weiter etwas, das von intimer Art ist, da es sich auch auf etwas erstreckt, das mit dem Inneren des einzelnen zu tun hat. Und es geschieht auf einer regulären Basis, also oft genug, um das Gefühl zu haben, jemanden zu lieben und geliebt zu werden, in einer besonderen Weise eine gefühlsmäßige Verbindung zu erfahren, zwei Leben statt eines zu leben.

2. Von der Schwierigkeit, zölibatäre Freundschaften zu entwickeln und zu pflegen

Wie leben zölibatäre Menschen ihr Verlangen nach Intimität, nach Nähe, nach Zärtlichkeit, nach Getragensein und Geborgenheit in Freundschaften? Gibt es in ihrem Leben Männer und Frauen, denen gegenüber sie einfach die sein können und dürfen, die sie sind, in deren Anwesenheit sie sich auch einfach einmal fallen lassen können, ja in deren Arm sie sich fallen lassen können, die sie trösten, ermutigen, ihnen Nähe und Zärtlichkeit schenken? Gerade der Bereich, in dem es um Liebe, Nähe, Zärtlichkeit, Freundschaft, und da auch um Sexualität geht, ist, obwohl oder vielleicht auch gerade, weil es der Bereich ist, der uns in unserer Mitte, in unserem Tiefsten und da auch in unserem tiefsten Verlangen trifft, jener Bereich, in dem wir mit am meisten unsicher sind, Gebrochenheit erfahren, uns schwer tun, notwendige Grenzen zu akzeptieren oder aber auch unnötige Grenzen zu beseitigen.

Im Bereich der Liebe, Intimität, Sexualität und Freundschaft kann es mit immensen Schwierigkeiten verbunden sein, zölibatäres Leben zu einem Kunstwerk zu gestalten, geht es doch hier um die vitalsten Kräfte und tiefsten Sehnsüchte, die wir kennen. Ob und inwieweit wir sie zulassen, wird dann ja auch entscheiden, ob von unserem Kunstwerk etwas Sinnliches, Farbenprächtiges, Anziehendes, Erotisches und Bejahendes ausgeht oder aber nicht. „Die Kirche hat sicher viel Schuld auf sich geladen", meint Anselm Grün (1992,30), „indem sie Sexualität immer in den Turm sperren wollte, anstatt mit ihr ins Gespräch zu kommen und sich von ihr zu dem Schatz führen zu lassen, den sie andeutet... Für Eheleute wie für Ehelose könnte die Sexualität eine Quelle von Lebendigkeit, Phantasie und Kreativität und ein spiritueller Weg sein." Freundschaften mit Männern und Frauen zu entwickeln und zu pflegen, die intim, zugleich aber auch eine Bestärkung des gewählten zölibatären Lebensstiles und Lebensweges sind, ist nicht leicht, bedarf der Geduld, kann anstrengend sein, kann mit Enttäuschungen und auch mit Scheitern verbunden sein.

Sich in seiner Entscheidung zölibatär, das heißt sexuell enthaltsam, zu leben, treu zu bleiben, kann manchmal so sehr zur Herausforderung werden, daß man am liebsten von dieser Entscheidung wieder Abstand nehmen möchte und es mitunter auch tut. Der Aufwand und die Mühen, die damit einhergehen können, bedeutungsvolle Beziehungen zu initiieren und aufrechtzuerhalten, können als so zermürbend und anstrengend erlebt werden, daß man es sein läßt.

Ein anderer mag auch müde werden, sich seiner Sexualität zu stellen, sie wirklich anzuschauen, sie gleichsam in die Hand zu nehmen und zu seinem Herzen zu führen, um sie für sein zölibatäres Leben – auch da, wo das mit Verlust, mit Schmerz und Trauer verbunden sein mag – fruchtbar zu machen. Er mag dadurch aber auch die Genugtuung, die Freude, das Glück nicht erfahren, die aufkommen können, wenn ich meine mitunter vitalsten Kräfte entlang *meinem* Weg eingesetzt, sie für *mein* Kunstwerk eingesetzt und dessen Entfaltung zur Verfügung gestellt habe und dann sehen und erfahren darf, was an Wunderschönem, mich Bestärkendem und mich Aufbauendem, daraus entstehen kann.

Tatsache ist, daß viele Versuche zölibatär Lebender, eine solche auch für einen Zölibatären notwendige Vertrautheit, Intimität zu einem anderen Menschen aufzubauen, fehlgeschlagen sind. In einem Fall mag es daran gelegen haben, daß jemand sich gar nicht so weit vorgewagt hat, in der Begegnung mit einem Menschen des anderen Geschlechtes eine solche Vertrautheit zu erreichen. Er mag zwar das Verlangen nach Vertrautheit in sich spüren, aber sich nicht dazu in der Lage fühlen, etwas dafür zu tun. Bei anderen mag ein übereifriges, enttäuschtes Vertrauen und blinde Selbsterfüllung zu Frustration oder sexuellen Erlebnissen führen (vgl. Sipe 1992,324). Viele Verbindungen, die mit dem Versprechen gegenseitiger Achtung für die Verpflichtung des anderen begannen, endeten, so Richard Sipe, mit einem sexuellen Kompromiß. Er weist aber auch darauf hin, daß viele der Männer, die den Zölibat vollendet haben, Verbindungen und Freundschaften aufbauten, die die zölibatären Versprechen tatsächlich erfüllten.

3. Von der Kunst zölibatärer Liebe in Freundschaften

Ich kann mich dann als zölibatär Lebender auf eine intime, bedeutungsvolle Beziehung mit einer anderen Person einlassen, wenn mein Ja zu einem zölibatären Leben wirklich *mein* Ja darstellt, *ich* mich für diesen Lebensstil entschieden habe und ich in all dem und darüber hinaus die Erfahrung machen durfte und machen darf, mich auf nahe Beziehungen einlassen zu können, ohne dabei meine Konturen, einschließlich meiner Fähigkeit zur Distanz, zu verlieren. Nur solange ich in Kontakt mit meinem Pol bleibe, sprich, meiner Entscheidung, meinem Lebensentwurf, zölibatär zu leben, kann ich mich nach vorne wagen, kann ich in großer Freiheit und Offenheit Nähe und Intimität in der Begegnung mit anderen zulassen. Laufe ich Gefahr, den

Kontakt mit mir selbst und meinem Ideal zu verlieren, ja verlasse ich gar meinen Pol, kommt es zu einer Verwischung der Grenzen, bis dahin, daß es sich nicht mehr um eine Beziehung handelt, die in Einklang zu bringen ist mit einem zölibatären Lebensstil.

Um bei der Pflege tiefer bedeutungsvoller Beziehungen mit meinem Pol, zölibatär zu leben, in Kontakt zu bleiben, können folgende Empfehlungen von Sandra Schneiders (1986,228ff.) von Hilfe sein.

So kann ich als zölibatär Lebende dem anderen signalisieren, daß ich als Person, nicht aber sexuell verfügbar bin, „daß man am anderen interessiert ist und offen ist für eine Freundschaft, aber nicht eine sexuelle Freundschaft sucht". Die Kunst, persönlich offen, sexuell aber zurückhaltend, sowohl freundlich, als auch reserviert zu sein, muß aber, so Sandra Schneiders, auch von dem Zölibatären erst erlernt werden. „Zu erwarten, daß man allein aufgrund der Tatsache, daß man ein Gelübde abgelegt hat, zölibatär zu leben, wie durch ein unsichtbares Schild von normalen Interaktionen unserer hocherotisierten Kultur geschützt ist, ist schlicht unrealistisch."

Weiter ist es wichtig, daß die zölibatär Lebende ihr zölibatäres Leben nicht als eine Lebensweise versteht, die offen ist für die Möglichkeit einer sexuellen Beziehung, im Sinne einer genitalen sexuellen Beziehung. Ihre Haltung sollte von der Art sein, daß sie eine solche Beziehung nicht als eine Möglichkeit für sich miteinbezieht. Solange sie für eine sexuelle Beziehung offen ist, ist sie, so Sandra Schneiders, vergleichbar mit einer alleinlebenden Frau, die, bevor sie sich mit einem Mann trifft, die Pille nimmt. Im anderen Falle ist eine solche Vorsichtsmaßnahme nicht nötig, da die betreffende Person weiß, daß das für sie keine Möglichkeit darstellt, sie für eine sexuelle Beziehung nicht offen ist. „Er oder sie haben andere Vorsichtsmaßnahmen getroffen, nämlich auf der Ebene der persönlichen Entscheidung, die sie nicht offen sein läßt für eine sexuelle Begegnung, und das ist es auch, was sie indirekt, oder wo nötig, auch direkt, signalisieren. Das heißt nicht, jemanden zu einem rigiden Verhalten, Prüderie oder Argwohn zu raten." Das heißt vielmehr, jemandem zu raten, die eigene Lebensentscheidung zu verinnerlichen, so daß man von innen heraus klar macht, die eingegangenen Verpflichtungen sind nicht offen für eine Veränderung, und das nicht aus Furcht oder persönlicher Unsicherheit heraus, sondern weil man glücklich damit ist und weil man das, was sie einem bedeuten, mit anderen in Integrität leben möchte. Im Grunde genommen ist die Situation des Zölibatären hier vergleichbar mit der des Verheirateten. Wie er seine Beziehung zu seiner Frau versteht, wird sich entsprechend auf seine Beziehungen zu anderen Frauen auswirken. Heißt für ihn sein Ja zu seiner Frau, daß er sexuell nur mit seiner Frau verkehren möchte und ist das für ihn eine klare Entscheidung, die ganz bewußt von ihm so getroffen wurde – unabhängig davon, daß ein solches Verständnis als selbstverständlich zu dem öffentlich gemachten und auch kirchlich vollzogenen Ehekontrakt gehörend betrachtet wird – dann wird er sich grundsätzlich in der Begegnung mit einer anderen Frau auch entsprechend verhalten. Es mag dann Raum für viele Formen der Begegnung und des Austausches mit anderen Frauen geben, die sexuelle Begegnung ist aber ausgeschlossen.

Läßt sich aber ein Mann ohne dieses Vorverständnis von sexueller Treue in eine Beziehung mit Frauen ein, ist er mitunter sogar bewußt offen für sexuelle Kontakte, dann wird er sich entsprechend dieser Einstellung verhalten. Hier wird deutlich, wie wichtig es ist, daß unabhängig von einer nach außen hin und in einem feierlichen Kontext bekanntgemachten Entscheidung, diese Entscheidung innerlich von mir vollzogen wird, wirklich meine Entscheidung ist, die ich dann auch in den konkreten Lebenssituationen verwirkliche. Das aber setzt in der Regel eine große Ich-Stärke voraus, die den einzelnen befähigt, ohne Angst, ohne sich dafür rechtfertigen zu müssen, mit Gelassenheit und in Überzeugung zu seinem Weg zu stehen. Wo ich in großer Offenheit gegenüber dem anderen einerseits und im ständigen Kontakt mit meinem Pol, der für den zölibatären Lebensstil steht, andererseits, mich bewege, vermag ich in eine Beziehung hineinzuwachsen, sie zu gestalten. Ich bin dann auch nicht in dem Ausmaße der „Gefahr" ausgesetzt, wie das bei der „Liebe auf den ersten Blick" häufig der Fall sein mag, nämlich, daß ich von meinem Verliebtsein davongetragen, in eine emotionale und körperliche Intimität „hineingetrieben" werde, dabei mein Ich und einhergehend damit *meine* Entscheidungsorientierung außer Kraft gesetzt beziehungsweise über Bord geworfen werden.

Aus dem Gesagten wird deutlich, daß hier von einer tiefen, bedeutungsvollen Beziehung solcher Zölibatärer die Rede ist, die eine besondere und intime Freundschaft mit jemandem entwickeln möchten, der einer solchen Freundschaft würdig ist, und es darum geht, miteinander diese Freundschaft in einen Rahmen zu bringen, der sich in Einklang mit den grundsätzlichen Lebensverpflichtungen befindet. Die offene Aussprache miteinander und die Offenheit der Beziehung auch nach außen hin können dabei, so Sandra Schneiders, von großer Hilfe sein.

4. Offene Aussprache miteinander und Transparenz der Beziehung

Die Zölibatäre, die zu ihrem Gelübde oder Versprechen steht, ist, so Sandra Schneiders, nicht offen für eine sexuelle Beziehung. Das heißt, daß die mit einer Person des anderen Geschlechts befreundeten Zölibatäre auch alles vermeiden, was ihre Vereinbarung gefährden könnte. So werden sie sehr sensibel gegenüber dem Gebrauch sexueller Sprache sein und nicht zulassen, daß die ihnen gemäße Weise der Gestaltung ihrer Freundschaft leichtfertig aufs Spiel gesetzt wird, indem sie etwa sexuelles Vergnügen zulassen.

Die Entscheidung, sich einer sexuellen Beziehung zu enthalten, ist nicht ein Garant dafür, daß das tatsächlich dann auch so gelebt wird. Aber diese Entscheidung zeigt eine Richtung auf, die Grenzen und Möglichkeiten des Ausdrucks gegenseitiger Liebe vorgeben. Damit der Verzicht auf die sexuelle Beziehung nicht zu einer ständigen Quelle von Frustration wird, müssen die Freunde Formen finden, ihre Liebe zueinander so zu leben, daß nicht ein emotional-körperlicher Prozeß in Gang gesetzt wird, der zum Verlangen nach körperlicher Vereinigung drängt. „Das heißt, die Freunde müssen herausfinden, wie sie Gefühle zulassen können, ohne sich dabei auf unerträgliche Weise sexuell zu erregen. Die einzelnen sind dabei sehr unterschiedlich in ihren sexuellen Reaktionen."

Das aber macht es notwendig, daß die Freunde über ihre Beziehungen, auch wo es um die Sexualität geht, miteinander sprechen müssen. Nicht wenige, so Sandra Schneiders, möchten das lieber vermeiden, und das aus durchaus guten Gründen. So kann es sein, daß mit jemanden, den ich liebe, über Sexualität zu sprechen, in sich schon etwas ist, das sexuell erregend wirken kann. Andere mögen allein schon Probleme haben, sich selbst, geschweige denn dem anderen zuzugestehen, daß er sexuelle Gefühle bei ihnen auslöst. Das mag in besonderer Weise für jene zutreffen, die in einem religiösen Kontext leben und deren Freundschaft aus diesem religiösen Kontext heraus erwachsen ist. Wieder andere befürchten, daß eine solche Mitteilung beim anderen Schuldgefühle oder Erschrecken auslösen mag. Dennoch, so Sandra Schneiders, wird man nicht daran vorbeikommen, sich im gegenseitigen Gespräch Klarheit über den wahren Stand der Gefühle und die echten Gefühle füreinander zu verschaffen.

Zölibatäre Freundschaften können in Konflikt geraten, wenn die Gefühle, und da vor allem auch die sexuellen Gefühle, zum anderen eine Form annehmen, die das Leben zur Hölle machen, einen beherrschen, man nicht mehr weiß, wie man sich in der Begegnung mit der Freundin verhalten soll. Will man an dieser Stelle der Gefahr begegnen, daß einen die Gefühle überrollen und damit einhergehend die Freundschaft zu einer auch sexuellen Beziehung wird, die mit dem, was beide intendierten und wollten, nicht mehr in Einklang zu bringen ist, bleibt kein anderer Weg, als *vorher* miteinander zu sprechen.

Überhaupt sollte das ständige Gespräch miteinander über die Art der Freundschaft selbstverständlich sein. Ich meine nicht jenes Sprechen über die Beziehung, bei dem man immer und immer wieder die Beziehungskiste thematisiert bis dahin, daß man kaum mehr Zeit hat, über etwas anderes zu sprechen. Aber auch für Verheiratete ist es immer wieder an der Zeit, sich über ihre Partnerschaft, ihre gegenseitigen Erwartungen, ihre Enttäuschungen in der Beziehung auszutauschen. Bei zölibatären Freundschaften mag dem gegenseitigen Austausch eine zusätzliche Bedeutung zukommen, da der Rahmen, der ihre Beziehung absteckt, und die Absprachen, Abmachungen und Verträge, die diesen Rahmen bestärken und bekräftigen, in der Regel weniger klar und von daher für Mißverständnisse in besonderer Weise anfällig sind.

So wichtig die innere Entscheidung ist, um den gewählten Lebensstil dann auch entsprechend leben zu können, sie sollte einhergehen mit äußeren Vereinbarungen, die die eigene innere Haltung widerspiegeln. Das heißt, zölibatäre Freundschaften bedürfen einer klaren Absprache. Die Ehe kennt einen formalen Kontrakt, der unter anderem dadurch gekennzeichnet ist, daß er öffentlich bekannt ist. Zölibatäre Beziehungen kennen einen solchen Kontrakt nicht. Ihr auch öffentlich kundgemachter Kontrakt, der dem Kontrakt von Eheleuten entspricht, sagt neben anderem: Ich lebe ehelos, ohne Beziehung zu einem Menschen in dem Sinne, wie sie für die Ehe typisch ist. Auf der Grundlage ihres formalen und öffentlichen Kontraktes als Ehelose sollen Zölibatäre, die eine tiefe Freundschaft pflegen, klare informelle Absprachen miteinander treffen. „In zölibatären Freundschaften ist der informelle Kontrakt der einzig verbal vereinbarte Kontrakt, der zwischen ihnen existiert" (Goergen 1979,175). Daneben gibt es so etwas wie einen geheimen Kontrakt, der zwar oft am wenigsten klar, mitunter aber am wichtigsten ist. „Er enthält die Erwartungen, die nicht zur Sprache gebracht worden sind oder häufig gar nicht bewußt sind." Ob man verheiratet ist oder eine zölibatäre Freundschaft pflegt – in jedem Fall ist es wichtig, zunächst einmal selbst mit den eigenen Erwartungen im Hinblick auf die Beziehung, in Berührung zu kommen und sich darüber auszutauschen.

5. Praktische Vorschläge für die Gestaltung zölibatärer Freundschaften

Die folgenden praktischen Vorschläge für die Gestaltung zölibatärer Freundschaften stammen vorwiegend von Sandra Schneiders (1986,232ff.). Viele, so sagt sie, die in einer festen Beziehung mit jemand anderem leben, haben die Erfahrung gemacht, daß es für die Freundschaft sehr hilfreich ist, die primäre Verpflichtung des Partners als für beide Seiten verbindlich zu erachten. Miteinander über die Bedeutung der eigenen Verpflichtung und der des Partners, beziehungsweise Freundes, zu sprechen, stellt für beide Seiten eine Bestärkung dar und hilft die je eigene Identität des einzelnen innerhalb der Freundschaft zu stützen. „Die Liebe, die beide miteinander verbindet, kann keine Fortschritte machen, indem sie dazu beiträgt, daß das, was den beiden am wichtigsten ist, dadurch verringert wird."

Geheimhaltung und Exklusivität intensivieren die erotische Dimension in jeder Beziehung. Viele, die in festen Freundschaften lebten, sagten, daß es für sie sehr hilfreich war, jemanden außerhalb der Beziehung zu haben, mit dem sie frei und offen über ihre Freundschaft sprechen konnten. Das mag ein spiritueller Leiter oder ein anderer enger Freund sein. Mit jemandem über die Beziehung offen sprechen zu können, kann den erotischen Druck, der entstehen mag, lindern. Es kann helfen, Perspektiven, die aufgrund eines Überengagiertseins in der Beziehung verlorengegangen sind, wieder neu in den Blickpunkt zu rücken. Auch kann es dazu beitragen, die eigentliche Verpflichtung und Verbindlichkeit, auf die man sich eingelassen hat, zu stärken.

Weiter kann es von großer Bedeutung für die Freundschaft sein, daß die Freundschaft sozusagen eingebettet ist in einen weiteren und breiteren Kontext, das heißt, andere Bekannte und Freunde von dieser Beziehung wissen und diese Beziehung auch im Zusammenleben mit den anderen eine Rolle spielt. So sollte es möglich sein, einen anderen Bekannten oder einen Freund zu sich einzuladen, ohne dem Betreffenden über den tatsächlichen Stand der Beziehung etwas vormachen zu müssen. Darin kann sich zeigen, daß es sich bei der Freundschaft um eine Beziehung handelt, die sich in Einklang befindet mit der primären Lebensverpflichtung, es sich dabei also weder um eine dunkle Nebenrolle noch um das wirkliche geheime Zentrum des Lebens handelt, sondern vielmehr um eine wichtige und bereichernde Dimension, die mit zur Wirklichkeit des Lebens gehört. Das heißt auch, daß es zum Beispiel möglich sein muß, anderen offen mitteilen zu können, daß ich mit dieser Person, die mir besonders nahe steht, zum Essen gehe oder einen Tag verbringe und das von den anderen als etwas Normales und Gesundes verstanden wird und in keiner Weise argwöhnisch betrachtet oder als gefährlich eingeschätzt wird.

Andere, nahestehende Personen, die von der Beziehung wissen, können helfen, die eigentliche Intention, nämlich eine zölibatäre Freundschaft mit einem anderen zu pflegen und zu stützen. Sie können die beiden gegebenenfalls damit konfrontieren, wenn sie den Eindruck haben, daß sie dabei sind, davon abzuweichen. Sie können dann auch die ersten Ansprechpartner sein, wenn die beiden selbst spüren, daß sie nicht mehr weiter wissen, mit ihren Gefühlen nicht mehr zurechtkommen und einfach der Hilfe anderer bedürfen.

Weiter ist es wichtig zu akzeptieren, daß eine solche Freundschaft mit Verzicht verbunden ist. Das heißt, daß zölibatäre Freunde kein Paar sind im Sinne eines Ehepaares und sie nicht jenes soziale Verhalten an den Tag legen, das typisch für ein Paar ist. Wenn die beiden daran erinnert werden, mag das auch mit einer schmerzlichen Erinnerung an den wirklichen Verzicht verbunden sein, der mit der Verpflichtung, zölibatär zu leben, verbunden ist. Doch, so Sandra Schneiders, die großzügige Annahme dieses Verzichtes stärkt die beiden in und für eine Freundschaft, die Herausforderung kennt.

Schließlich ist es wichtig zu beachten, daß wenige in der Lage sind, auf einem Gebiet, zum Beispiel dem der Sexualität, Askese zu üben, wenn sie nicht in der Lage sind, in anderen Bereichen des Lebens Askese zu üben. Die Person, die keine Disziplin kennt in bezug auf Essen und Trinken, Schlafen und Arbeiten, der körperlichen Pflege oder der beruflichen Tätigkeit oder dem Einhalten gemeinschaftlicher Verpflichtungen, wird nicht in der Lage sein, irgendwelche übermenschlichen Charakterstärken bezogen auf seine oder ihre Beziehung zu entwickeln. Das aber heißt, je mehr eine fähig ist zur Disziplin, desto mehr Chancen hat sie, echte, tiefe, bedeutungsvolle, intime Beziehungen zu anderen auch als zölibatär Lebende wirklich zu unterhalten und zu pflegen.

Zölibatäre Freunde sind keine Lebenspartner; noch sind sie Liebhaber, und während Privatheit und Intensität typisch für eine intime Freundschaft sind, Exklusivität und das Streben danach, den anderen zu besitzen, sind es nicht, beziehungsweise sollten es nicht sein. Eifersucht, Argwohn, sich gegenseitig nachspüren, das Interesse an Projekten zu verlieren, bei denen der andere nicht beteiligt ist, sind Gefühle und Verhaltensweisen, die deutliche Warnsignale dafür sein können, daß an der Beziehung etwas nicht „stimmt".

Für Männer und Frauen, die in zölibatären Freundschaften leben, ist es, so Sandra Schneiders, wichtig, daß sie den nichtkörperlichen Weisen des intimen Miteinanderseins den Vorrang einräumen. Sich unterhalten, sich schreiben, die beiderseitigen ästhetischen und intellektuellen Interessen miteinander zu teilen, der Austausch über seelsorgliche oder religiöse Aktivitäten können Weisen des Zusammenseins sein, intime Teilhabe, bei der die Tiefe des anderen jeweils erreicht wird. Viele Lebenspartner, für die die sexuelle Ausdrucksweise vorübergehend oder fortwährend behindert ist, haben andere als körperliche Pfade hin zur Intimität finden müssen. Es ist möglich, aber es ist nicht leicht. In einem gewissen Sinne vermag der leichteste und schnellste Weg zur Intimität die sexuelle Begegnung sein. Genau das ist der Grund dafür, daß dieser Weg derjenige sein kann, bei dem man sich am meisten etwas vormacht, der oberflächlich bleibt und schließlich zur Entfremdung führen kann. Zu lernen, miteinander zu kommunizieren, ist die Grundlage der Entwicklung einer intimen Freundschaft, und der bewußte Verzicht auf einen großen Teil körperlicher Ausdrucksweisen von Intimität kann, so paradox es klingen mag, die Kommunikation stärken, bei der Freunde den jeweils anderen als ganzen einbeziehen, statt schnell in eine sexuelle Begegnung zu flüchten. So ist es bekannt, daß nicht nur Jugendliche, sondern auch Erwachsene oft versucht sind, echte Kommunikation durch Sexualität zu ersetzen. Zölibatär Lebende sind keine Ausnahme für diese Versuchung, aber sie haben eine zusätzliche Motivation, dieser Versuchung nicht zu verfallen.

Freunde, die eine tiefe, reife intime Beziehung zu genießen verstehen und die Freundschaft und ihre Beziehung als einen entscheidenden Part ihrer zölibatären Verpflichtung leben, werden – manchmal über Irrwege – Formen finden, in welche sie auch körperlich ihre Gefühle zum Ausdruck bringen und damit ihre Liebe füreinander verstärken und vertiefen können, weil sie zugleich in der Lage sind, die sexuellen Spannungen zu reduzieren und zu lindern, bevor sie explosiv werden. Wenn im Prozeß dieses Lernens Fehler gemacht werden, sollten sie zugestanden werden, sich selbst und dem anderen gegenüber, und angemessene Maßnahmen ergriffen werden, um ein Wiederholen dieser Fehler zu vermeiden. Einer der wichtigsten Faktoren bei der Entwicklung echter Demut, jener befreienden Selbsterkenntnis, auf dem alles spirituelle Wachstum aufbaut, ist, so Sandra Schneiders, die Erfahrung mit der eigenen wirklichen körperlichen Menschlichkeit, die nicht intellektualisiert oder verspiritualisiert werden kann, sondern die umgewandelt werden muß, langsam und unter Schmerzen auf das Bild Jesu hin, der ganz menschlich war.

6. Konflikte und Eifersucht in zölibatären Freundschaften

Im Leben, so Donald Goergen (1979,204), tauchen immer wieder Spannungen auf. Die Vorstellung eines Lebens ohne Spannungen ist eine Illusion. Er nennt drei Quellen, die in zölibatären Freundschaften Spannung erzeugen können. Die Spannung zwischen einer ganz bestimmten Freundschaft und der größeren Gemeinschaft, der man angehört, die Spannung zwischen der Freundschaft und der Aufgabe, der man beruflich nachzukommen hat, und schließlich die Spannung, die entstehen kann aus der sexuellen Dimension einer Freundschaft. Diese Spannungen sollten einen aber nicht in Furcht versetzen oder dazu führen, daß man zölibatäre Freundschaften vermeidet.

Folgende Verhaltensweisen einer zölibatären Freundschaft können, so Quentin Hakeneworth (in: Goergen 1979,203f.) Anzeichen dafür sein, daß die Freundschaft Gefahr läuft, sich nicht mehr in Einklang mit dem zölibatären Leben zu befinden: Wenn das Schwergewicht der beiderseitigen Zuneigung auf der genitalen Ebene liegt; wenn beide vermeiden, ihre Zuneigung in Anwesenheit anderer zuzugeben; wenn man die andere Person als eigenen Besitz erachtet oder merkt, ohne daß man sich dagegen wehren kann, daß die andere Person die wichtigste Person im eigenen Leben ist. Schließlich, so Quentin Hakeneworth, ist es als ein Alarmzeichen zu verstehen, wenn man beginnt, vom anderen bestimmte Antworten zu erwarten oder solche von der anderen Person fordert, und wenn die Verpflichtung gegenüber den Mitgliedern der eigenen religiösen Gemeinschaft unter der emotionalen Bindung zu einer anderen Person leidet oder die Freundschaft dazu führt, daß das Interesse am Gebet nachläßt.

Zölibatäre Freundschaften sind nicht einfach zu erlangen. Es bedarf der Anstrengung, sie in eine zölibatäre Richtung zu bringen. Das heißt, es ist nicht so, daß es sich gleich am Anfang einer zölibatären Freundschaft um eine Freundschaft handelt, die nicht genital, nicht exklusiv, nicht besitzergreifend, gut integriert ist. Sie können zu solchen Freundschaften werden, indem man sich emotional und spirituell damit auseinandersetzt.

Donald Goergen (1979,204f.) meint, „keusch zu werden schließt ein, Risiken auf sich zu nehmen. Es schließt auch ein, realistisch zu sein, wohin die Beziehung sich entwickelt... ob die beiden wachsen in ihrer Liebe zueinander und in ihrer Liebe zu einem zölibatären Leben, oder ob die gegenseitige Liebe sie immer weiter weg bringt von der Wertschätzung eines zölibatären Lebens... ,ob oder ob nicht das Leben miteinander geteilt wird oder ob es nur ein Gefühl ist, das miteinander geteilt wird. Miteinander wachsen verlangt ebenso das Gebet miteinander. Aelred war in dieser Hinsicht klug. Einige Freundschaften müssen möglicherweise aufgelöst werden, aber in der Regel sind das wenige, und die Auflösung der Freundschaft muß in Sorgfalt und stufenweise geschehen".

In zölibatären Freundschaften gibt es auch Eifersucht. Ich mag es kaum aushalten können, daß meine Freundin mit einem anderen ein gemeinsames Projekt unternimmt. Sie verspürt Unruhe und ein Mißbehagen in sich, wenn er begeistert von dem Gespräch mit einer anderen Frau spricht. Vermutlich sind Gefühle der Eifersucht bei Menschen, die sich besonders viel bedeuten, nie ganz auszuschalten. Auch scheint es mir als zu ideal gesehen und letztlich unangemessen, die Anwesenheit von Eifersucht in zölibatären Beziehungen von vornherein negativ zu bewerten.

Da ist ja auch eine besondere Beziehung gegeben, und so sehr ich weiß, daß ich mit dem anderen nicht verheiratet bin, wir nicht in der exklusiven Weise zusammengehören wie das für Verheiratete gilt, habe ich zu dem anderen eine besondere, einmalige Beziehung, die auch einen verbindlichen Charakter hat, auch dann, wenn sie nicht exklusiver Art ist. Wenn ich eine Gefahr für die Beziehung sehe, mag mich das alarmieren, in Angst versetzen. Gerade weil die äußeren Abmachungen und Verbindlichkeiten fehlen, mag ich dafür noch anfälliger sein.

Das heißt, was zunächst als eifersüchtige Reaktion erscheint, mag noch ganz andere Gefühls-Schattierungen aufweisen. Dazu kommt, daß in nicht wenigen Fällen die Befürchtungen des freundschaftlichen Partners, der andere mag ihn verlassen, durchaus berechtigt sein mögen, da die äußere „Unverbindlichkeit" die innere Unverbindlichkeit nähren mag, wenn sie nicht bereits Ausdruck von Beziehungsunfähigkeit für sich ist. Mancher, der die berechtigten Ängste seines Freundes als Eifersucht abwertet, tatsächlich aber ein Verhalten an den Tag legt, das sich letztlich als unverbindlich erweist und dem Charakter und dem Geist der vereinbarten Beziehung widerspricht, mag statt sein eigenes Verhalten einer kritischen Reflexion zu unterziehen, allzu schnell dem Partner den schwarzen Peter damit zuschieben.

Auf der anderen Seite kann natürlich auch das Auftreten von Eifersucht in zölibatären freundschaftlichen Beziehungen als Alarmsignal gesehen werden, genauer hinzuschauen, was aus der Beziehung geworden ist. Ob also beispielsweise die intendierte und von beiden gewollte Präferenz für die Beziehung zu Gott, die religiöse Gemeinschaft, der man angehört, die Arbeit, lediglich vom Kopf her entschieden wurde oder aber auch vom Herzen her vollzogen worden ist? Hat sich hier nicht möglicherweise etwas eingeschlichen, oder komme ich da nicht mit etwas von mir in Berührung, das nicht mehr in Einklang zu bringen ist mit dem, was ich mit einem zölibatären Leben pflegen, ja besser, als es mir auf eine andere Weise möglich erscheint, leben wollte? Behindert mich meine Beziehung dabei eher, weil sie mir – verglichen mit dem, was ich mit meinem zölibatären Leben wollte – zu wichtig geworden ist? Merke ich, daß ich abhängig bin von der Freundschaft, mich unwohl, unruhig, einsam fühle, wenn der Freund nicht um mich herum ist? Bin ich innerlich nicht mehr frei genug bei allem, was mir der andere bedeutet, den Bereich frei zu halten – innerlich und äußerlich – den ich frei halten muß, soll mein gewählter Lebensstil sinnvoll bleiben, umgesetzt werden, verwirklicht werden können?

Aus solchen Überlegungen kann sich eine hilfreiche Auseinandersetzung mit der freundschaftlichen Beziehung und dem zölibatären Leben ergeben. Sie mag einhergehen mit einer tieferen Reflexion über mich selbst, möglichen, mitunter schmerzlichen,

Korrekturen in der Beziehung und einer Neubesinnung auf die Werte, Ideale und Verhaltensweisen, die zu leben und zu verwirklichen mich zu der Entscheidung, zölibatär zu leben, motivierten.

7. Freundschaften unter zölibatären homosexuellen Männern und Frauen

Was die Freundschaften homosexueller Männer und Frauen angeht, die zölibatär leben, so gelten die gleichen Kriterien, die auch für die Beziehungen heterosexueller zölibatär Lebender wichtig sind. Donald Goergen (1979,225) sagt: „Es gibt keinen Grund, warum homosexuelle Männer und Frauen genauso ehrlich und gewinnbringend ein zölibatäres Leben leben können wie heterosexuelle Männer und Frauen und dabei auch Freundschaften unterhalten mit Männern und Frauen des gleichen und des anderen Geschlechtes."

Man kann auch grundsätzlich davon ausgehen, daß homosexuelle Männer und Frauen, genauso fähig sind wie heterosexuelle, zölibatär, also auch sexuell enthaltsam, zu leben. „Es gibt keinen einleuchtenden Grund, der die These stützt, daß Homosexuelle (beider Geschlechter) mehr zum Krankhaften neigen als Heterosexuelle. Es gibt keine Anzeichen dafür, daß Homosexuelle von ihrer grundsätzlichen Veranlagung her sich sexuell promisker verhalten (Loftus 1989,21)."

Für Donald Goergen (1979,223) machen homosexuelle Freundschaften eine wichtige Dimension im Leben eines homosexuellen Menschen aus. Zölibatäre Homosexualität, sagt er, heißt, daß sie nicht sexuell genitaler Art ist. „Nähe kann sexuell genitale Reaktionen auslösen, aber eine zölibatäre Freundschaft geht nicht in diese Richtung, auch wenn die Gefühle da sind. Die Gefühle sollen nicht beiseite geschoben werden; sie sollen

117

zugelassen und gespürt werden... Homosexuelle Gefühle stellen einen Aspekt zölibatären Lebens dar, weil Zölibatäre nahe und von Liebe getragene Beziehungen zu Mitgliedern des gleichen Geschlechtes unterhalten... Zölibatäre Menschen sind sexuelle Wesen wie andere Menschen. Wenn Gefühle der Zuneigung und sexuelles Verlangen in homosexuellen Freundschaften aufkommen, sollte man ihre Anwesenheit zur Kenntnis nehmen und annehmen" (224).

Im übrigen, so Donald Goergen, gilt für die Freundschaft homosexueller Zölibatärer, was für die Freundschaft heterosexuell zölibatär Lebender gilt. „Die Freundschaft zwischen Menschen des gleichen Geschlechtes hat eine mehr die Gefühle betreffende Dimension und eine mehr ins erotische, sexuelle gehende Dimension. Von daher bedarf es auch Begrenzungen, um zu verhindern, daß homosexuelle Freundschaften sich zu genital sexuellen Beziehungen entwickeln. Das heißt, solche Beziehungen setzen voraus, daß es einen ehrlichen Austausch unter den Partnern gibt... Solche Beziehungen bergen in sich ein Risiko, sie erfordern zugleich aber auch ein Höchstmaß an Verantwortung." Allein, so sagt Donald Goergen weiter, „zölibatäres Leben ist ein Risiko, auf das sich reife Menschen einlassen, um sich ihrem sexuellen Leben zu stellen und es entsprechend bestimmter spiritueller Werte und christlicher Ziele einzuschränken. So sehr eine größere Offenheit in einer Beziehung mögliche Gefahren in sich birgt, Zölibatäre müssen sich dieser Tatsache stellen und dürfen nicht davor davonlaufen. Was entscheidend ist, sind Ehrlichkeit und Reife auf der Seite jener, denen es darum geht, als Zölibatäre Gott zu finden" (224).

7. KAPITEL

ZÖLIBATÄRE LIEBE – IDEAL UND WIRKLICHKEIT

> Das Ziel einer zölibatär lebenden Person ist die zölibatäre Liebe. Sexuelle genitale Liebe dient diesem Ziel nicht. Sexuelle Liebe als eine Liebe, in der die gefühlsmäßige Seite der Sexualität zugelassen wird, kann diesem Ziel dienen, genitale sexuelle Liebe trägt nicht dazu bei.
>
> *Donald Goergen*

> Es ist eine Sache, sich mit David zu verbinden, der seine Heuchelei gegenüber Nathan zu rechtfertigen versucht, und es ist etwas ganz anderes, mit ihm das Miserere anzustimmen.
>
> *Richard Sipe*

1. DER SOGENANNTE „DRITTE WEG"

Es hat sich in den siebziger Jahren in den USA und – wenn ich es richtig sehe – in den letzten 10 bis 15 Jahren auch bei uns bei manchen eine Einstellung zum Zölibat und eine Praxis des Zölibats entwickelt, die als der sogenannte „Dritte Weg" bezeichnet wird. Ein Weg zwischen Ehe und Zölibat. Dahinter steht die Vorstellung, daß es für nach außen hin zölibatär lebende Priester und Ordensleute unter bestimmten Umständen erlaubt ist, eine verantwortliche, private, auch sexuell genital gelebte, Beziehung mit einer anderen Person zu unterhalten, wenn dadurch kein öffentlicher Skandal ausgelöst wird, keinem der Partner dadurch Schaden zugefügt wird oder diese Beziehung nicht in eine ernsthafte Konkurrenz zu der Gemeinschaft, der man angehört, oder zu den seelsorglichen Verpflichtungen und Aufgaben, die einem aufgetragen sind, gerät (vgl. Schneiders 1986,215).

Es steht mir fern, die Männer und Frauen, die diesen Weg beschritten haben und beschreiten, zu diskreditieren. Auch weil ich weiß, mit wieviel Treue zum Partner, hohem Verantwortungsgefühl, großem seelischen Aufwand, aber auch aus welcher großen Not heraus, solche Beziehungen oft gesucht, gelebt und geführt werden. Es gibt unter ihnen Männer und Frauen, denen mein voller Respekt gilt, vor allem dann, wenn ich spüre, wieviel echte Liebe, die sich dann auch im konkreten partnerschaftlichen Verhalten zeigt, die beiden verbindet. Es gibt unter ihnen aber auch solche, bei denen ich Unverantwortlichkeit, Ausnutzen und Mißbrauchen des Partners, Rücksichtslosigkeit und Egoismus spüre, so daß ich den betreffenden Menschen gegenüber zwar nicht den auch ihnen gebührenden Respekt verliere, zugleich aber auch meine Kritik nicht zurückhalten möchte.

Ich kann einer Option für diesen sogenannten „Dritten Weg" als einer Dauereinrichtung nicht zustimmen. Meine Vorbehalte finde ich gut wiedergegeben in folgenden Einwänden von Sandra Schneiders (1986):

Eine Beziehung, die so tief geht, daß zwei Menschen sich körperlich, psychisch und spirituell miteinander verbinden, verlangt eine Exklusivität, die nicht in Einklang zu bringen ist mit einem Zustand des „dazwischen", wie es beim sogenannten „Dritten Weg" der Fall ist. Das heißt, damit eine solche Beziehung überhaupt überleben kann, dem Status quo des „Dritten Weges" gerecht wird, muß sie ständig zurechtgestutzt werden. Sie darf in der Regel nicht offen sein für Nachkommenschaft, sie darf nicht sozial, also nach außen hin öffentlich gelebt werden, sie darf nicht in Konkurrenz treten zu vorrangigen Verpflichtungen, sei es im Fall der Ordensfrau oder des Ordensmannes gegenüber ihrer Gemeinschaft, sei es im Fall des Priesters gegenüber seinen priesterlichen Verpflichtungen. Das aber führt dazu, daß der Beziehung nicht die Ausschließlichkeit, Entfaltungsmöglichkeit, Lebbarkeit eingeräumt werden kann, die der durch die zugelassene, auch sexuelle, Nähe entfachten Dynamik gemäß wäre. „Die sexuelle Begegnung ist nicht nur eine Weise Gefühle auszudrücken", sagt Sandra Schneiders (216). „Sie ist Ausdruck totaler und ausschließlicher Selbst-Hingabe an den anderen. Eine solche Hingabe ist nicht in Einklang zu bringen mit einer anderen Ganzhingabe, vor allem dann, wenn der geliebte Partner stellenweise davon ausgeschlossen ist."

Eine weitere Überlegung, die gegen den sogenannten „Dritten Weg" spricht, ergibt sich für Sandra Schneiders direkt aus den vorausgehenden Ausführungen. Der in der Form des sogenannten „Dritten Weges" gelebten sexuellen Beziehung ist die Möglichkeit versagt, das, was sexuell gelebt wird, der Intensität der Beziehung entsprechend in eine Lebensform, einen Lebensstil umzusetzen, dort zum Ausdruck zu bringen. Das aber wäre eine ungeteilte, öffentlich gelebte, dauerhafte, treue und ausschließliche Beziehung. Da das nicht möglich ist, wird eine solche Beziehung dem jeweiligen Partner gegenüber nicht gerecht, so sehr der andere Partner sich auch bemühen mag. Das gleiche gilt, so Sandra Schneiders, für jene, deren erste Verpflichtung in ihrem Leben nicht dem Sexualpartner gilt, sondern dem Leben, zu dem sie sich als Priester beziehungsweise Ordensleute entschieden haben mit der Folge, daß sie nicht öffentlich zu ihrer Beziehung stehen können, oder die Bedeutung, die ihr Partner in ihrem Leben tatsächlich ausmacht, nicht entsprechend würdigen können.

Eine weitere Überlegung, so fährt Sandra Schneiders (216f.) fort, hat mit dem eigentlichen Sinn des religiös motivierten Zölibats zu tun, der auch Ausdruck eines religiösen beziehungsweise kirchlichen, öffentlichen Lebensstiles ist. Heimlich das Alleinsein zölibatären Seins mit einer sexuellen Beziehung zu „füllen", auf die man freiwillig verzichtet hat, untergräbt ihrer Meinung nach das zölibatäre Zeugnis in der Kirche. Ein zölibatäres Leben, das sexuelle Aktivität zuläßt, ist ein Gegensatz in sich. Es mag sich dann von der Ehe nur noch dadurch unterscheiden, daß es eine geheim gelebte Beziehung ist, der die Offenheit für eine Familie fehlt und die instabil ist, da die eigentliche Lebensverpflichtung in Konkurrenz zum jeweiligen Partner tritt. Man mag auch den Gedanken zulassen, so Sandra Schneiders, daß es unreif, wenn nicht radikal egoistisch ist, die Freuden einer Beziehung zu suchen, ohne die Verantwortung und Verpflichtung gegenüber dem Partner oder der Gesellschaft auf sich zu nehmen.

Weiter gilt es hier zu bedenken, daß der religiöse Beruf eine öffentliche Dimension hat. „Der Zölibatär, der sich öffentlich zu einem zölibatären Leben bekennt und in einer fortwährenden sexuellen Beziehung lebt, lebt eine Lüge in einem sakramentalen Kontext, und eine solche Lüge unterhöhlt die Vertrauenswürdigkeit der gesamten Kirche." Auch Richard Sipe (1992,86) weist auf diese Problematik hin, wenn er sagt, daß „Priester, die regelmäßig, wenn auch selten, sexuelle Verhältnisse eingehen, keine echten Zölibatäre" sind und in ihrem Fall es wichtig ist, vorübergehend das Zölibat aufzugeben um „herauszufinden, was er ist, um später echte Zölibatäre sein zu können". Und er fügt hinzu: „Diese Aufgabe des Zölibats muß jedoch aufrichtig eingestanden werden, damit nicht das Bild, das sich die Öffentlichkeit von einem Priester macht, zu einem Deckmantel für Heuchelei wird." Manche zölibatär Lebende mögen sagen, daß die genitale sexuelle Beziehung mit einem

Partner mit ihrem Verständnis von christlichem Leben in Einklang zu bringen sei, es sich hier um ihre Privatsache handle und eine solche Beziehung ihrem Ziel, ehelos zu leben, nicht abträglich sei. Doch, so Donald Goergen (1979, 218), die zölibatäre Person sagt etwas Öffentliches über ihr privates Leben aus. Das aber erzeugt eine Spannung zwischen dem privaten und dem öffentlichen Leben.

2. Ideal und Wirklichkeit

Wenn zölibatär Lebende offen über ihr Bemühen, zölibatär zu leben, sprechen, dann dürfte sich zeigen, daß das konkrete Leben als Zölibatär, wie das alltägliche Leben als Verheirateter, sich einmal mehr, einmal weniger vom Ideal, hier des Zölibats, dort der Ehe, unterscheidet.

Aus Statistiken und Veröffentlichungen ist zu erfahren, daß die Wirklichkeit der Zölibatären anders aussieht als das Ideal es aufzeigt. Es gibt in diesem Bereich hilfreiche Veröffentlichungen, es gibt aber auch solche, die es sich letztlich zum Ziel gesetzt haben, mit solchen Informationen die Zölibatären und die Kirche als Heuchler hinzustellen. Hilfreich finde ich zum Beispiel die Untersuchung von Richard Sipe mit dem Titel „Sexualität und Zölibat" (1992). Nach dieser Untersuchung leben – bezogen auf die nordamerikanische Situation – schätzungsweise die Hälfte der Zölibatäre tatsächlich den Zölibat. 20% leben in festen heterosexuellen Paarbeziehungen, etwa 10% haben heterosexuelle Partnerschaften, ohne daß sie in festen Beziehungen leben, beziehungsweise befinden sich in einer Art Übergangsphase, in der sie „sexuelle Erfahrungen sammeln". Weitere 10% unterhalten homosexuelle Beziehungen beziehungsweise leben ihre Homosexualität auch in sexuellen Kontakten. Dabei wird davon ausgegangen, daß insgesamt

20% der Priester homosexuell ausgerichtet sind, die Hälfte von ihnen zölibatär lebt, die andere nicht.

Es handelt sich hier wohlgemerkt um eine Schätzung, und es ist von daher wichtig, solche Zahlen nicht absolut zu nehmen. Das kann aber nicht so weit gehen, daß man eine solche Schätzung nicht ernst nimmt. Ich selbst würde auf dem Hintergrund meiner Kenntnisse und Erfahrungen sagen, daß die Tendenz dieser Schätzung auch für den deutschsprachigen Raum zutrifft. Das heißt, daß die große Mehrheit der zölibatär Lebenden tatsächlich zölibatär lebt, wenn der Weg dahin auch manchmal über Umwege, bis hin zu sexuellen Beziehungen, ging, ohne daß allerdings dabei die sexuelle Beziehung zu einer Gewohnheit geworden wäre. Auf der anderen Seite gibt es aber eine beachtliche Gruppe von Priestern und Ordensleuten, die in einer mal mehr, mal weniger festen – auch sexuellen – Beziehung leben. Auch glaube ich, daß die Zahl der homosexuellen Priester und Ordensleute relativ hoch ist, jedenfalls um einiges höher liegt als der Prozentteil, der für die Gesamtbevölkerung allgemein angenommen wird.

3. ZÖLIBATÄRE, DIE IN STABILEN BEZIEHUNGEN LEBEN

Es gibt eine Gruppe von Zölibatären, die in mehr oder weniger festen Beziehungen leben. Es handelt sich hier um Beziehungen, die stabil sind, sich in der Regel auf einen Partner konzentrieren und lange andauern. Im Falle von Priestern sind die Partnerinnen vielfach die Haushälterin, die Mitarbeiterin, Frauen aus der Gemeinde, in der der Priester tätig ist, ggfs. auch Ordensfrauen oder Frauen aus einer ganz anderen Gegend. Richard Sipe (1992,98) schätzt, daß in den USA etwa 20% der Priester solche Beziehungen unterhalten.

„Durch die Verhaltensmuster, die Priester bei ihren sexuellen Beziehungen zeigen, ziehen sich" so Richard Sipe (98), „zwei Gemeinsamkeiten: Die Elemente der Spaltung und der Geheimhaltung. Das sexuelle Verhalten wird psychisch vom beruflichen Leben des Priesters getrennt oder abgespalten, und diese Trennung erlaubt es ihm, seine tägliche Arbeit mit einer gewissen Tüchtigkeit und Zufriedenheit auszuführen. Die Beziehung wird gewöhnlich vor allen anderen Menschen geheimgehalten". Das Element der Geheimhaltung schützt die Spaltung – im Dienst Zölibatär, außerhalb des Dienstes nicht. Weiter macht, so Richard Sipe, die Geheimhaltung Rationalisierungen leichter, wie: „Sex ist gut"; „ich bin jetzt ein besserer Priester"; „es schadet ja niemandem"; „es hilft mir, andere besser zu verstehen und zu lieben".

Bei der Gruppe von Priestern, die in einer mehr oder weniger stabilen Beziehung leben und von denen Richard Sipe bezogen auf die nordamerikanische Situation meint, daß es auf etwa 20% der Priester zutrifft, kann man noch einmal unterscheiden zwischen solchen Priestern, die eine größere Transparenz ihrer Beziehung zulassen und für die die Abspaltung der Beziehung weniger stark ausgeprägt ist, und einer Gruppe von Priestern, für die eine nahezu totale Verheimlichung der Beziehung und eine totale Trennung zwischen Beziehung und Beruf typisch ist.

a.) Zölibatäre, die in festen, geheimgehaltenen Beziehungen leben

Relativ groß dürfte innerhalb der Gruppe von Priestern und zum Teil auch von Ordensleuten mit „festen Beziehungen" jene Gruppe sein, die in einer mehr oder weniger stabilen, sexuellen Beziehung zu einem Partner oder aufeinanderfolgenden Beziehungen mit verschiedenen Partnern leben, und für die eine große Geheimhaltung der Beziehung einerseits und eine strenge Abspaltung der Beziehung von ihrem Beruf typisch ist. Die Geheimhaltung kann in manchen Fällen so weit gehen, daß selbst die allernächsten Vertrauenspersonen und Freunde nicht um den wahren Charakter der Beziehung wissen. Sie ist nicht Thema in der geistlichen Begleitung, oder die eigene Schwester, die den Haushalt führt, bekommt zwar mit, daß ihr priesterlicher Bruder öfters Besuch von einer Frau bekommt, erfährt aber nicht, daß es sich dabei um die Partnerin und Liebhaberin des Bruders handelt, mit der er in den Urlaub geht und die freien Tage verbringt. Oder es ist die Haushälterin oder die Sekretärin, die während der Woche ihren Dienst tut und in diesem Rahmen auch den formellen Umgangston pflegt. Erst in der gemeinsamen Eigentumswohnung, weit genug entfernt vom Tätigkeitsort, wird die Beziehung „gelebt". Das kann so weit gehen, daß man sich im dienstlichen Bereich mit „Sie" anspricht und nur im privaten Bereich das „Du" pflegt.

Das heißt unabhängig davon, ob die beiden Partner zusammenwohnen oder sich zu bestimmten Zeiten treffen, wird durch die strikte Geheimhaltung und die totale Abspaltung der Beziehung vom Beruf, die Entwicklungs- und Entfaltungsmöglichkeit der Beziehung stark beeinträchtigt. So ist es auch nicht erstaunlich, daß gerade in diesen Beziehungen der sexuellen Dimension eine zentrale Bedeutung zukommen kann. Das mag damit zusammenhängen, daß die sehr begrenzten Möglichkeiten, die Beziehung normal und alltäglich zu leben, die begrenzte Zeit, die zur Verfügung steht, für die intimste Begegnung genutzt wird. Es kann aber auch sein, daß es in der Beziehung vor allem um die sexuelle Beziehung geht und ein echtes Interesse an einer breiter angelegten Beziehung, die die vielfältigen Bereiche des täglichen Lebens miteinbeziehen würde, nicht besteht, beziehungsweise ein solches Ausweiten der Beziehung als eine ernsthafte Bedrohung der als notwendig erachteten

Geheimhaltung der Beziehung und ihrer Abspaltung vom Beruf darstellen könnte.

Es ist offensichtlich, daß eine Beziehung unter diesen Umständen sehr schnell an Grenzen stößt, was die Entfaltungsmöglichkeiten der jeweiligen Partner für sich und miteinander betrifft.

b.) Zölibatäre, die in stabilen, offeneren Beziehungen leben

Andere Priester und Ordensleute, die zu dieser Gruppe mit festen Beziehungen gehören, haben Formen gefunden, die es ihnen erlauben, gegenüber einer größeren Gruppe von Außenstehenden ihre Beziehung transparent zu machen. Sie lassen vielfach auch darüber hinaus erkennen, daß sie ein besonderes Verhältnis zu ihren Partnern haben, ohne allerdings die ganze Dimension der Beziehung offenzulegen. Das heißt, Spaltung – hier Dienst, da privates Leben – und Geheimhaltung sind weniger stark ausgeprägt, nichtsdestoweniger dennoch anwesend. Immerhin wird durch diese größere Transparenz das Ausmaß an Partnerschaft, gemeinsamem Leben und Tun unter mehr oder weniger alltäglichen Bedingungen größer. Das heißt, es handelt sich hier um Beziehungen, die vom Zusammenleben her mit am nächsten an das herankommen, was eine eheliche Partnerschaft kennzeichnet.

In dieser Gruppe von sogenannten Zölibatären dürfte man auch jene Männer finden, die bezogen auf ihre Beziehungsfähigkeit mit am weitesten sind. Die mitunter viel getan haben im Bereich der Persönlichkeitsentwicklung und vielleicht auch deshalb für sich die Unerläßlichkeit einer tiefen, und da auch sexuellen Beziehung, entdeckt und erkannt haben. Da sie ihre Beziehungen auf einer eher alltäglichen Ebene leben, müssen sie sich den Erfahrungen und Konflikten stellen, die sich aus einem alle Bereiche des Lebens berührenden Zusammenleben ergeben, und können sie für ihr persönliches Wachsen fruchtbar machen.

In solchen Beziehungen spielt dann auch in der Regel die sexuelle Beziehung nicht die Rolle, die ihr oft in zwar festen, aber nach außen hin sehr abgeschotteten und auf feste Zeiten des Miteinander reduzierten Beziehungen zukommt. Die sexuelle Beziehung ist dann ein Element im vielfältigen Austausch und der gemeinsamen Unternehmungen der Partner. Erlaubt doch die relative Offenheit der Beziehung zum Teil ein fast familiäres und gesellschaftliches Leben, das die Erfüllung ganz unterschiedlicher Bedürfnisse und Wünsche möglich macht. So dürfte vor allem auch die Erfahrung von Intimität, im Sinne einer tiefen, alle wesentlichen Bereiche des Lebens berührenden Beziehung, gerade in solchen Beziehungen erfahrbar sein, da der Rahmen solcher Art ist, daß die Beziehung – wenn auch nach wie vor eingeschränkt – sich emotional, spirituell, sozial, kulturell, geistig entfalten kann. Eine solche Beziehung ist einer Ehe ohne Trauschein und – in der Regel – ohne die Offenheit für Kinder vergleichbar.

Die in einer solchen Beziehung leben, müssen mit der Dissonanz zurechtkommen: Zum einen leben sie nicht zölibatär, was nach wie vor ihre öffentlich-offizielle „Wirklichkeit" ausmacht. Zum anderen leben sie nicht in einer Ehe, geschweige denn einer christlichen Ehe, für die sie auf der anderen Seite wieder von ihrem Amt und Dienst her in besonderer Weise – man denke an Ehevorbereitung, Eheschließung – mitverantwortlich sind. Auch wenn viele dieser Priester und Ordensleute offensichtlich insgesamt gut mit dieser Situation leben können, bleibt eine fundamentale Diskrepanz, die nicht aufzulösen ist und auch nicht durch Rationalisierungen vernebelt werden sollte, da dieser „Stachel im Fleisch" sich immer wieder bemerkbar machen wird und mit dieser Diskrepanz nur dann bei aller Begrenzung „konstruktiv" umgegangen werden kann, wenn sie nicht ausgeblendet wird.

4. Zölibatäre, die vorübergehend in einer bestimmten Lebenssituation in – auch sexuellen – Beziehungen leben

Schließlich gibt es eine Gruppe von zölibatär Lebenden, die vorübergehend und da in einer bestimmten Phase ihres Lebens sexuelle Beziehungen unterhalten.

Um die 30 kann die Frage nach der Beziehung zu einem Lebenspartner, einschließlich der sexuellen Dimension, noch einmal eine große Rolle spielen. Es ist eine Zeit, in der man sich in der Regel in der Aufgabe, in der man steht, sicher fühlt und jetzt auch Zeit hat, sich auf andere Aspekte des Lebens zu konzentrieren. Die Männer und Frauen, die in dieser Lebensphase eine tiefe Liebesbeziehung mit einer anderen Person erleben, gehen durch ganz unterschiedliche, mitunter auch schwierige Prozesse und werden mit sehr vielen unterschiedlichen Gefühlen konfrontiert wie Freude, Eifersucht, Schmerz, Enttäuschung, Ärger, Zärtlichkeit. Die davon betroffenen Männer und Frauen können durch eine solche Beziehung verändert werden. Bei manchen wird dadurch ihr religiöses Leben beziehungsweise ihr Leben als Priester und Ordensfrau vertieft. Andere beginnen, ihr bisheriges Leben und Tun in Frage zu stellen. Ein junger Priester, der sich in einer solchen Situation befindet, sagt von sich: „Aufgrund einer tiefen Beziehung mit einer Frau bin ich zur Erkenntnis gekommen, daß ich in meinem Leben Intimität brauche. Das hat meine Beziehung zu anderen vertieft. Was ich herausfinden muß, ist nun, ob ich ein zölibatäres Leben ohne die intensive Intimität, die ich nur in einer Ehe finden kann, leben kann. Es ist zum einen ein sehr schmerzvoller Prozeß, zum andern aber auch aufregend, da ich dadurch mit Seiten von mir in Berührung gekommen bin, die ich bisher nicht kannte."

Manche verlieben sich in dieser Zeit zum ersten Mal in ihrem Leben unsterblich in einen anderen Menschen. Diese Erfahrung kann ein wichtiger Schritt hin zur Befähigung für bedeutungsvolle Beziehungen mit anderen Männern und Frauen darstellen. Es wäre natürlich für den zölibatär Lebenden einfacher, wenn er *vor* seiner Entscheidung, zölibatär zu leben, beziehungsweise bevor er die Verpflichtung dazu eingegangen ist, diese Erfahrung des Unsterblich-sich-Verliebens macht. Die Wirklichkeit sieht aber oft so aus, daß viele diese Erfahrung erst machen, wenn sie sich schon entschieden haben, zölibatär zu leben. Sie sind dann oft einer Situation und einer Erfahrung ausgesetzt, die es ihnen sehr schwer macht, wenn nicht sogar unmöglich, in diesem Zustand zu der eingegangenen Verpflichtung zu stehen.

In der Übergangszeit vom frühen Erwachsenenalter in das mittlere Erwachsenenalter, bekannt als Mid-Life-Crisis, kann sich das Verlangen nach Intimität und Sexualität unter anderem in der starken Sehnsucht nach etwas zum Ausdruck bringen, das ich mehr spüre, das ich näher bei mir erfahre, das mich tiefer erfüllt als sogenanntes Äußeres wie Erfolg, Karriere, Ehrbezeichnungen usw. Es zeigt sich als Verlangen, jemanden tief zu lieben und von jemandem tief geliebt zu werden. Deutlicher als vielleicht zuvor kommen Menschen in diesen Phasen mit dem Schmerz in Berührung, der es mit sich bringt, auf eine tiefe, konkrete, auch sexuell gelebte Beziehung verzichten zu müssen. Manche fragen sich, warum um alles in der Welt muß und soll ich darauf verzichten, eine Frau in meinen Armen zu halten, ihre Nähe, ihren Körper zu spüren? Ich lebe doch nur einmal und wer sagt mir, daß ich nach diesem Leben so etwas jemals erfahren werde? Wer kann mir denn verbieten, dieser Sehnsucht, einen Menschen ganz tief zu lieben, mit Leib und Seele zu lieben, freien Lauf zu lassen, sie zuzulassen, sie zu verwirklichen? Was vorher immer wieder auch als Sehnen, als Wünschen, schon da war, jetzt scheint es aus einer großen Tiefe in mir zu kommen, und das mit einer Macht, die mich zutiefst erschüttern kann. Manche fallen in dieser Phase ihres Lebens in eine tiefe Depression. Bei anderen meldet sich das sexuelle Verlangen mit einer Macht, der sie nicht selten erliegen.

Die Sexualität als eine Weise, Intimität zu erfahren, erhält in diesen Phasen des Lebens nochmals einen eigenen Stellenwert und kann gerade für zölibatär lebende Männer und Frauen zu einer großen Herausforderung ihres bisherigen Lebensstils werden. Für die unter ihnen, die die bisher anstehenden Entwicklungsprozesse und die damit einhergehenden Krisen – z.B. die Identitätskrise – zugelassen und durchgestanden haben, wird die Auseinandersetzung mit ihrer in dieser Zeit vielleicht nochmals besonders stark sich meldenden Sexualität zwar nicht geschenkt werden, aber sie werden sie relativ gut bestehen können. Andere dagegen, die sich zum Beispiel an dem Prozeß der Intimitätsbefähigung „vorbeigemogelt" haben oder in ihrem bisherigen Leben nicht Formen gefunden haben, die in Übereinstimmung mit ihrem zölibatären Lebensstil Intimität und die Erfahrung von Intimität ermöglichte, werden sich erheblich schwerer tun.

Unter ihnen wird es solche geben, die glauben, in einer sexuellen Beziehung die Erfüllung ihrer Sehnsucht nach Intimität zu finden. Hier gilt es, jede Situation einzeln zu behandeln und das sexuelle Verhalten im Kontext der Lebenssituation der Betroffenen zu beurteilen.

5. ZÖLIBATÄRE, DIE SEXUELLE KONTAKTE PFLEGEN, OHNE IN FESTEN BEZIEHUNGEN ZU LEBEN

Schließlich gibt es eine Gruppe von zölibatär Lebenden, die sexuelle Beziehungen beziehungsweise Kontakte pflegen, ohne in mehr oder weniger stabilen Beziehungen zu leben.

Hier kann es sich um sexuelles Verhalten von Zölibatären handeln, das „unreif, sprunghaft, ausbeuterisch oder im wesentlichen narzißtisch" (Sipe 1992,113) bleibt, so daß die Betroffenen aus ihrem Verhalten nur wenig über ihr eigenes Leben oder das Leben anderer lernen. Oft ist in diesen Fällen „die sexuelle Aktivität Verhaltensmustern unterworfen, die entscheidend durch auf emotionale Unreife, einen Zwang, eine Triebbestimmtheit oder Psychopathologie" (112f.) beruhende Beschränkungen begrenzt werden. In allen Fällen, so Richard Sipe, „liegt der Schwerpunkt auf dem Sexualakt – die Beziehung dient zu Sexualkontakten, nicht umgekehrt".

Die Ursachen für sexuelles Verhalten von Zölibatären außerhalb einer stabilen Beziehung sind so vielfältig und so sehr von der jeweiligen Lebensgeschichte und Persönlichkeitsstruktur des einzelnen abhängig, daß es schwierig, wenn nicht unmöglich ist, allgemeine Aussagen dazu zu machen. Für den einen ist Neugierde, „es auch einmal zu erfahren", das entscheidende Motiv dafür. Bei einem anderen zeigt sich seine insgesamt nicht ausgereifte Entwicklung auch entsprechend in seinem sexuellen Verhalten. Da er sich nie wirklich mit seiner Sexualität auseinandergesetzt hat, ist sie auch nicht ein Teil seines Lebens und Lebensstils geworden, ist aber natürlich dennoch vorhanden und übernimmt oft die Führung in der Weise, wie es ihr paßt. Die sexuelle Kraft, die ja zunächst auch etwas „Eshaftes", also einfach Rohes, Ungeformtes, nach Verwirklichung und Befriedigung Drängendes ist, setzt sich dann ohne die formende Kraft des Ichs in Szene. Das kann dann zu Situationen führen, in der jemand jede sich bietende Gelegenheit zur Triebbefriedigung ausnutzt, sei es in der Begegnung mit der Ratsuchenden, die die Offenheit und Nähe des Zölibatären sucht, oder die flüchtige Bekannte, die direkt oder indirekt eine sexuelle Bereitschaft signalisiert. Das geht bis dahin, daß jemand die sexuelle Befriedigung über Pornofilme, Pornohefte, Massage-Salons und mit Prostituierten sucht.

Wieder ein anderer mag seine nie erfüllte Sehnsucht nach Intimität, tief empfundener Annahme und Geborgenheit in flüchtigen sexuellen Beziehungen mit wechselnden Partnerinnen suchen, ohne dabei das zu finden und zu erfahren, wonach es ihm zutiefst verlangt. Die sexuelle Begegnung wird dann zum Ersatz für nicht oder ungenügend erfahrene Annahme, Zärtlichkeit und Nähe in der Kindheit. Freilich ein letztlich nicht tauglicher Ersatz. Ja, die flüchtigen, unverbindlichen sexuellen Begegnungen verstärken mitunter das Gefühl des Nicht-Gehalten-Seins, des Nicht-Angenommen-Seins und vergrößern die innere Not.

Depression und Überarbeitung können weitere Gründe sein, die jemanden veranlassen mögen, sich auf eine flüchtige sexuelle Begegnung einzulassen. Diejenigen, die das tun, mögen die Hoffnung hegen, in der sexuellen Begegnung eine Auflösung ihrer depressiven Stimmung, die ersehnte Ruhe und Entspannung zu finden, unter deren Abwesenheit sie augenblicklich so leiden. In dieser Gruppe von Zölibatären dürften auch nicht wenige zu finden sein, die ansonsten ihren Dienst und auch ihr Zölibat sehr gewissenhaft, mitunter sogar mit einer gewissen Strenge leben. Hier mag gerade eine allzu große Gewissenhaftigkeit und Strenge, die mit einer Enge und Rigidität, mit Perfektionismus und schon fast überzogener Disziplin einhergeht, mit der Grund sein, daß ein Einbruch erfolgt. Das heißt, daß die sie disziplinierenden Kräfte in einem Übermaß strapaziert worden sind, daß sie sie selbst blockieren, sie wie in einem Gefängnis halten mit dem Ergebnis, daß sie nicht länger in der Lage sind, wirklich flexibel zu reagieren. Das Verlangen, wieder befreit zu werden aus der Enge, sich total gehen lassen zu können, wird dann zu einem so großen, nicht bändigbar erscheinenden Bedürfnis, das, so scheint es, erst dann zur Ruhe kommt, wenn sie ihm nachkommen, sie sich in all ihrer als einengend erfahrenen Starre von diesem Bedürfnis davontragen lassen.

6. Sexuelle Beziehungen Zölibatärer im Kontext der Seelsorge

Was die sexuelle Beziehung von Priestern oder Ordensleuten betrifft, so ist es wichtig zu unterscheiden zwischen Beziehungen zu Frauen beziehungsweise Männern, die sich aus freundschaftlichen Beziehungen oder über Bekanntschaften entwickelt haben, und Beziehungen, die im seelsorglichen Kontext entstehen. Bei sexuellen Beziehungen, die außerhalb der beruflichen Tätigkeit zustande kommen, liegt eine Übertretung der Zölibatsverpflichtung vor beziehungsweise des Gelübdes der Ehelosigkeit, die je nach Situation und Umständen entsprechend zu sehen und mitunter auch entsprechend zu werten sind. Im Falle der sexuellen Beziehung, die im Rahmen beispielsweise der seelsorglichen Tätigkeit oder der spirituellen Begleitung entstanden sind beziehungsweise gepflegt werden, kommt eine zusätzliche Dimension hinzu. Es mag sich dabei nicht mehr „nur" um eine Übertretung des Zölibats handeln, sondern auch um einen Verstoß gegen die Abstinenzregel, die beispielsweise für den verantwortlichen und kompetenten Psychotherapeuten „Primat, Gesetz, Maxime" ist (vgl. Cremerius 1993,205).

Das heißt, für den Seelsorger gilt im Grunde genommen ebenso wie für den Psychotherapeuten die unbedingte Einhaltung der Grenze, die zu überschreiten der Integrität des Seelsorgers, vor allem aber dem, für die er als Seelsorger da ist, zum Schaden gereichen kann. „Der Therapeut ist, wie ein Priester, Träger eines ‚Sakramentes'", sagt Johannes Cremerius (204). „Er darf nicht vergessen: Für die Patientin ist er eine erhöhte Figur, jemand, dem sie sich ausliefert, der für sie ein geheimes Wissen hat über menschliche Beziehungen, über das Unbewußte. Er darf nicht plötzlich die Rolle wechseln, darf nicht als normaler, begehrender Mann auftreten – das stiftet entsetzliche Verwirrung." Was hier der Psychoanalytiker Johannes Cremerius interessanterweise mit Hinweise auf den Priester über die spezielle Beziehung zwischen Psychotherapeut und Klienten sagt, gilt auch für den Priester und den Seelsorger und die Seelsorgerin an sich.

Bei Seelsorgern und Seelsorgerinnen mag der Rahmen ihrer Tätigkeit nicht immer so klar abgrenzbar sein wie bei Psychotherapeuten, da sie auf vielfältige Weisen – im Gottesdienst, der Katechese, im Rahmen der Vorbereitung von Erstkommunion und Firmung, der Ministrantenrunde, dem Pfarrgemeinderat usw. – ihre seelsorgliche Arbeit ausführen und die Möglichkeiten, „sich nahe zu kommen", dabei sehr unterschiedlich groß sind. Einen Verstoß gegen die Abstinenzregel dürfte daher auch je nach Situation unterschiedlich starke negative Auswirkungen seelischer oder auch spiritueller Art mit sich bringen. Dennoch geschieht beim Einlassen auf eine sexuelle Beziehung mit Menschen, für die der Seelsorger als Seelsorger da ist, etwas, das über eine Zölibatsübertretung an sich hinausgeht, etwas, das seine berufliche Integrität mitunter erheblich beeinträchtigt und beschädigt, ganz zu schweigen von dem Schaden, der der Person, für die er da ist, zugefügt werden kann.

Im Falle des Seelsorgers oder spirituellen Begleiters, der im Rahmen seiner Beratung und Begleitung sich auf eine sexuelle Beziehung einläßt, ist die Situation – auch in ihren Auswirkungen auf die Ratsuchenden – mit der von Psychotherapeuten gleichzusetzen, die sexuelle Beziehungen mit ihren Klienten eingehen. Hier liegt die gleiche Dynamik in den Beziehungen zwischen Helfer und denen, die Hilfe suchen, vor, kann die gleiche Nähe entstehen und einhergehend damit die gleiche „Versuchungssituation", die auch in einer psychotherapeutischen Begegnung gegeben sein kann.

Für den zölibatären Begleiter mag die Situation im Unterschied zum verheirateten Psychotherapeuten mitunter noch schwieriger sein, da er dadurch gegebenenfalls anfälliger sein mag, seinem sexuellen Verlangen nachzukommen. Nicht daß ich meine, daß das in jedem Fall so sein muß. Wer wirklich in der Lage ist, zölibatär zu leben, wer sich gut kennt, auch in seinen sexuellen Bedürfnissen und Wünschen, und entsprechend seinem Lebensstil daran arbeitet, der wird in Situationen in der Beratung, in denen er sich von der Ratsuchenden sexuell angesprochen fühlt, sich nicht verlieren, sich nicht in einen Sog ziehen lassen, aus dem er nicht mehr herauskommt. Auf der anderen Seite ist es aber auch einsehbar, daß jemand, der darauf verzichtet, beziehungsweise verzichten soll, jegliche Form genitaler Sexualität zu leben, noch einmal in einer anderen inneren Situation sein kann und ist – in Beratungssituationen, die große Nähe erzeugen – als einer, der seine, auch genitale Sexualität in einer festen Beziehung lebt. So sagt Johannes Cremerius (204) nicht umsonst vom Psychotherapeuten: „Er sollte ja auch eine ausgeglichene Sexualität haben, damit er geschützt ist vor Stauungen."

Entscheidend ist für Psychotherapeuten und seelsorgliche beziehungsweise spirituelle Berater, daß sie sich darüber klar sind, daß „natürlich große Intimität" (Cremerius 204) entsteht. „Wenn man 100 Stunden und mehr so zusammenarbeitet, dann kann schon eine große Nähe entstehen. Das ist riskant, selbstverständlich. Aber der Therapeut muß sich im klaren sein, was mit ihm geschieht, und sich fragen: Hat das mit mir zu tun? Kompensiere ich einen Mangel?... Er muß an sich selbst arbeiten, muß wissen, was in ihm vorgeht. Denn die Problematik beginnt, wenn aus Phantasie Aktion wird."

Auch dann, wenn man nicht über 100 Stunden miteinander arbeitet, kann eine Nähe entstehen, mit der mancher Seelsorger nicht mehr umzugehen weiß. Ich befürchte, daß die in den letzten Jahren zunehmend bekanntgewordenen Überschreitungen durch Psychotherapeuten in der therapeutischen Beziehung mit vornehmlich Klientinnen auch in einem ähnlichen Ausmaß in seelsorglichen Beziehungen, vor allem auch im Rahmen der seelsorglichen und geistlichen Begleitung, anzutreffen sind.

Bei den bisherigen Überlegungen bin ich zunächst von Situationen ausgegangen, bei denen die dabei involvierten Männer und Frauen heterosexuell sind. Doch gilt das, was oben gesagt wurde, natürlich auch für homosexuelle Männer und Frauen. Das heißt, wie ein homosexueller Psychotherapeut in Überschreitung seiner therapeutischen Grenzen eine sexuelle Beziehung zu einem Mann eingehen mag, kann es auch geschehen, daß ein homosexueller Priester unter Verletzung seiner Integrität als Seelsorger sich auf eine homosexuelle Beziehung mit einem Mann einläßt, mit dem er im Rahmen der Seelsorge zu tun hat. Was hier geschieht, ist nach den gleichen Kriterien zu beurteilen, die auch im Falle des heterosexuellen Priesters gelten.

Schließlich kommt eine zusätzliche Dimension ins Spiel, wenn unter Verletzung eines Vertrauensverhältnisses, das man zunächst dem Seelsorger, dem Psychotherapeuten oder auch dem Lehrer wie selbstverständlich zugesteht, Minderjährige oder auch Jugendliche sexuell mißbraucht werden. Hier wird ein Punkt erreicht, der deutlich macht, daß jene, die das tun, ihre Position, ihren Status, ihr Amt mißbrauchen. Hier geschieht eine Umdrehung des eigentlichen Auftrages: statt Hilfe und Heilung anzubieten, wird Zerstörung und Unheil bewirkt.

In solchen Situationen kommt der Übertretung der Zölibatsverpflichtung und dem Thema Sexualität eher eine Randbedeutung zu. Hier steht die mitunter furchtbare Zerstörung im Innersten von Kindern und Jugendlichen, deren Vertrauen mißbraucht worden ist, die zu Objekten degradiert worden sind, an denen eigene, unreife bis krankhafte Neigungen ausgelebt werden, im Vordergrund. Wer jemals im Rahmen der Psychotherapie Menschen begegnet ist, die in der Kindheit oder im beginnenden Jugendalter gerade von solchen Vertrauenspersonen wie Priestern mißbraucht worden sind, findet in dem Wort „Seelen-Mord", von dem manche in diesem Zusammenhang sprechen, eine angemessene Beschreibung von dem, was den betreffenden Menschen durch den sexuellen Mißbrauch angetan worden ist.

8. KAPITEL

BERATUNG UND HILFE BEI PROBLEMEN MIT DEM ZÖLIBAT

> Offensichtlich erfahren wir unsere Gebrochenheit oft am schmerzlichsten hinsichtlich unserer Sexualität.
>
> *Henri Nouwen*

> Zölibat ist etwas, in das man hineinwächst; es wird einem nicht einfach gegeben.
>
> *Donald Goergen*

1. SEXUALITÄT UND GEBROCHENHEIT

Henri Nouwen (1993,76f.) sagt: „Offensichtlich erfahren wir unsere Gebrochenheit oft am schmerzlichsten hinsichtlich unserer Sexualität. Wenn ich mir mein eigenes und das Ringen meiner Freunde auf diesem Gebiet vor Augen halte, wird mir deutlich, wie ausschlaggebend unsere Sexualität dafür ist, was wir von uns selber denken und halten. Unsere Sexualität ist ein Zeichen dafür, daß wir uns ungeheuer nach Kommunion mit jemand anderem sehnen. Die Bedürfnisse unseres Leibes – das Bedürfnis, berührt, in den Arm genommen und von jemandem zuverlässig festgehalten zu werden – gehören zu den tiefsten Sehnsüchten des Herzens und sind sehr konkrete Zeichen unseres Suchens nach Einswerden. Und wir machen die Erfahrung, daß unsere größten Ängste genau um dieses Urbedürfnis nach Kommunion kreisen."

Der tiefste Schmerz, den wir aus unserer Gebrochenheit hinsichtlich unserer Sexualität spüren, dürfte aus der immer wieder sich wiederholenden Erfahrung erwachsen, daß die tief in uns sich meldende Sehnsucht nach Einswerdung letztlich unerfüllt bleibt, auch, wenn wir immer wieder Momente der Einswerdung erfahren dürfen. Das gilt gleichermaßen für den, der in sexuellen Beziehungen lebt, wie für die, die zölibatär lebt, wenn auch der Durst des in Beziehung Lebenden nach Einswerdung für Momente gestillt wird. Es ist die Erfahrung, letztlich alleine zu sein auch, wenn ich in einer Gemeinschaft, in einer Beziehung, in einer Partnerschaft lebe. Die Erfahrung, daß mein Sehnen, mein Verlangen, mein Drängen zum anderen hin, seine Nähe zu erkosten, zu spüren, zu erfahren, immer wieder an Grenzen stößt, abprallt, gestutzt wird. Das, was ich mir ersehne, nicht Gestalt annehmen kann, sich nicht vollenden kann. Eine Kraft in mir gebremst wird, mit dem Ergebnis, daß ich das Gefühl habe, etwas fehlt mir, etwas sei von mir abgebrochen, bis dahin, daß ich mich zuweilen wie ein Torso erlebe, wie jemand, der nicht ganz ist.

Während dieses Gefühl der unterbrochenen Hinwendung und gebrochenen Sehnsucht nach Einswerdung zu unserem Menschsein gehört, mag jene, die aus beispielsweise religiösen Motiven heraus auf die Erfahrung einer sexuellen Beziehung verzichtet, sich in einer zusätzlichen Weise abgeschnitten erleben von ihrer Ursehnsucht nach Einswerdung. Sie mag das Gefühl nicht loswerden, daß hier eine wichtige Seite ihres Lebens brach liegt, ihr Entscheidendes, das zum Menschsein gehört, vorenthalten wird. Ja, sie mag sich – zuweilen – vorkommen wie eine, der die Flügel, die sie an den Ort ihrer Sehnsucht bringen, gestutzt worden sind und sie sich wie gebrochen erlebt, da die Kraft, die sie nach vorne gehen lassen und zum anderen bringen möchte, nicht auslaufen kann, an der geknickten Stelle Halt macht und zurückkehrt. Der Saft und die Sinnlichkeit, die sich auf den anderen verströmen, möchten sich in Trauer und Schmerz verwandeln. Das muß nicht so sein! Es kann aber so sein, und bei nicht wenigen zölibatär Lebenden gibt es immer wieder Phasen, in denen sie eine solche Gebrochenheit bei sich erleben.

Schließlich gibt es eine Gebrochenheit in bezug auf die Sexualität, die als Bruch zu dem gesehen und erlebt wird, wozu ich mich ja eigentlich entschlossen habe und wofür ich nach innen hin, zumindest aber nach außen hin stehe. Z.B. der Ehemann, der sexuelle Beziehungen außerhalb seiner Ehe pflegt. Im Wort vom Ehe-Bruch klingt die Gebrochenheit an. Z.B. der Priester, der sexuelle Beziehungen unterhält und damit den Zölibat bricht. Die Ordensfrau, die in ihrer Praxis der Selbstbefriedigung einen Bruch zu der gelobten sexuellen Enthaltsamkeit sieht. All dies sind Situationen, in denen Gebrochenheit zumindest so weit aufscheint, als Ideale, Normen, Versprechen, Zusagen, Vorhaben, zumindest für den Moment außer Kraft gesetzt werden und dem Kampf der unterschiedlichen Kräfte unterliegen, um sich dann nicht selten verstärkt in Form von Schuldgefühlen und Selbstverachtung zu rächen. Gebrochenheit zeigt sich hier als Unvollkommenheit, mitunter auch als Versagen, meistens aber vermutlich auch „nur" beziehungsweise vor allem als Menschlichkeit.

2. BERATUNG UND HILFE

a.) Allgemeine Hilfestellungen

Gerade im Rahmen der Beratung kommt diese Wirklichkeit immer wieder besonders deutlich zum Vorschein. Und nur, wenn die Beratung einen Raum und eine Atmosphäre anbietet, die eine solche Gebrochenheit zuläßt und aushält, hat sie eine Chance, jenen, die in ihrer Not oder einfach nur mit ihrem

Willen, ihr Leben anzuschauen, ihr persönliches inneres Wachstum voranzubringen, diesen Weg gehen, wirklich weiterzuhelfen.

Sehr hilfreich finde ich gerade auch auf diesem Hintergrund, was Donald Goergen (1979,119f.) aus seiner pastoralen Sicht als Vorgehensweise gegenüber zölibatär Lebenden vorschlägt, die in einer – auch sexuellen – Beziehung leben. Zunächst fragt Donald Goergen: Was heißt das im Kontext des Lebens dieser Person, dieser Beziehung und der Verpflichtung zum Zölibat? Was bedeutet die sexuell genitale Erfahrung wirklich? Weiter fragt er sich: Welcher Art ist die Beziehung, um die es geht? Handelt es sich um ein sexuelles Verhalten innerhalb einer vorübergehenden Beziehung oder um eine intime Begegnung im Rahmen einer tiefen, für die Person sehr wichtigen Beziehung?

Weiter meint er: „Es ist wichtig herauszufinden, was die genitale Sexualität für diese ganz bestimmte Person meint. Sucht die Person die Erfahrung von Intimität? Erlebt die Person augenblicklich eine Krise in ihrem Suchen nach Männlichkeit oder Weiblichkeit? Ist dieses Verhalten Ausdruck von Angst, die ganz andere Gründe für diese Person in ihrer augenblicklichen Situation haben mag? Handelt es sich um ein sexuelles Erwachen? Kommt darin ein Verlangen nach Intimität zum Ausdruck, dann ist es wichtig, daß der Person bewußt wird, daß sexuelle Genitalität für die Erfahrung von Intimität nicht notwendig ist... Die wichtigste Aufgabe bei einer solchen Beratung ist es, deutlich zu machen, daß die Person sich deswegen nicht schlecht fühlen oder sich für einen Versager halten muß. Für die Ratsuchende mag es wichtig sein, daß sie ihr Selbstwertgefühl stabilisiert, wenn sie wieder zölibatär leben können will. Eine allzu große Abhängigkeit von der genitalen Sexualität kann Ausdruck eines mangelnden Selbstwertgefühles sein... Weiter ist es wichtig, daß der Ratsuchende nicht den Eindruck hat, es sei jetzt nicht mehr möglich, zölibatär zu leben oder, daß er wegen der erfahrenen sexuellen Begegnung nicht länger eine zölibatäre Person ist oder, daß dadurch seine oder ihre Beziehung zu Gott zerstört worden ist. Die Person hat Leben auf eine neue Weise erfahren und jetzt ist es ihre Aufgabe, diese Erfahrung in ihre zölibatäre Verpflichtung zu integrieren. Das kann auch heißen, daß der Ratsuchende seine Entscheidung bezogen auf das zölibatäre Leben ändern oder beenden muß, wobei es nicht so ist, daß das jetzt unbedingt die Richtung sein muß, die der Betreffende einschlagen muß.

Für den Ratsuchenden ist es wichtig, daß er den Prozeß der Integration seiner Sexualität, seiner sexuellen Gefühle, neuer sexueller Erfahrungen in sein christliches Leben fortsetzt. Es mag sein, daß dieser Prozeß der Integration der therapeutischen oder spirituellen Begleitung bedarf. So gibt es einige Dimensionen in dem Prozeß der Integration, bei dem Therapie und spirituelle Begleitung helfen können... Die Aufgabe, die ansteht, ist die der fortgesetzten Integration... .

Eine andere Aufgabe besteht darin, die Spannung zwischen dem privaten und dem öffentlichen Leben zu lösen. Das bedarf einiger Zeit. Man sollte sich nicht schuldig fühlen, wenn das nicht sofort geregelt werden oder wenn die Integration nicht unmittelbar geschehen kann. Auf der anderen Seite kann der Berater Unverantwortlichkeit in dieser Beziehung nicht tolerieren; nichtsdestotrotz sollte die Person sich nicht als Heuchler erachten, wenn er oder sie ernsthaft bemüht sind, in der Fähigkeit, zölibatär leben zu können, zu wachsen. Das sexuelle Leben macht so etwas wie die Mitte des privaten Lebens einer Person aus und doch wird es durch die Gelübde öffentlich. Man muß einen beständigen Respekt empfinden gegenüber dem privaten Leben eines Menschen und der Privatheit seiner Beziehung. Von daher ist es wichtig, jemandem als einer Person zu begegnen und nicht nur als jemandem, der einer Verpflichtung nicht nachgekommen ist. Zölibat ist etwas, in das man hineinwächst; es wird einem nicht einfach gegeben".

b.) Bei festen Beziehungen, die stark geprägt sind von Gespaltenheit und Geheimhaltung

Die Möglichkeiten der Hilfen bei Beziehungen, die von Gespaltenheit und Geheimhaltung stark geprägt sind, sind begrenzt. Sie sind es schon einmal deshalb, weil die Geheimhaltung oft so weit geht, daß die Beziehung auch in den Bereichen, die sonst für die geheimsten Dinge genutzt werden, wie Beichte, geistliche Begleitung oder Therapie, nicht zur Sprache kommt. Auch ist in solchen Beziehungen oft ein so hohes Ausmaß an Rationalisierung feststellbar, daß selbst da, wo Hilfe von außen angeboten wird, diese nicht angenommen wird beziehungsweise nicht greift. Diese Rationalisierung kann so weit gehen, daß diese Liebe zu etwas Heiligem erklärt wird, etwas, das menschliches Verstehen übersteigt.

Daß die Beteiligten einer solchen Beziehung der Hilfe von außen, und da oft auch der professionellen Hilfe bedürfen, ist auf der anderen Seite offensichtlich. Manchmal kann die Situation eintreten, daß es einer der Partner einfach nicht mehr aushält und dann professionelle Hilfe sucht. In diesem Fall kann dann vor allem auch mit Hilfe der Beratung und der Therapie angeschaut werden, was zu dieser Beziehung geführt hat. Oft wird sich dabei herausstellen, daß ungünstige frühkindliche Erfahrungen, ungünstig verlaufene oder steckengebliebene Entwicklungsprozesse in der Persönlichkeitsentwicklung dabei eine Rolle spielen können. Es kann in oft mühsamen und langwierigen Prozessen eine „Nachreifung" ermöglicht werden, die dann auch entsprechende Konsequenzen für die Beziehung mit sich bringen.

c.) Bei festen, offeneren Beziehungen

Auch die Möglichkeiten der Hilfe bei festen, offeneren Beziehungen Zölibatärer sind sehr eingeschränkt. In der Regel wird jemand, der in einer solchen Beziehung lebt, nicht den Berater oder Therapeuten aufsuchen. Eine solche Beziehung mag oft erst dann in Probleme geraten, wenn von außen her der wahre Charakter dieser Beziehung entdeckt und die Betreffenden damit konfrontiert werden, sich für das eine oder das andere zu entscheiden. Die Möglichkeit der Hilfe kann in einem solchen Fall darin bestehen, den Betroffenen zu helfen, sich klar für einen Weg zu entscheiden. In einem Fall mag das heißen, wieder tatsächlich zu dem zölibatären Lebensweg zurückzufinden, im anderen Fall, sich für die Beziehung zu entscheiden. Beide Entscheidungen sind in der Regel von schmerzlichen Prozessen begleitet.

Der Weg, der zur Harmonie mit sich selbst führt, ist oft der schwierigere Weg. Zu dem tief in sich vernehmbaren Ruf, Priester zu sein, zu stehen und ihm immer neu zu folgen, auch wenn sich zunächst herausstellt, daß oberflächliche und nicht dem eigenen Boden und Fundament entstammende Gründe und Motive mich entscheiden ließen, Priester zu werden, verlangt oft, Strecken und Phasen des Zweifelns auszuhalten und zu bestehen, bis ich auch im Bestehen und Zulassen dieser Zeit noch mehr mit meinem Selbst in Berührung gekommen, im Tiefsten ein Gefühl von Gewißheit verspüre. Den bisher gegangenen Weg abzubrechen, weil sich herausstellt, daß er nicht aus meinem innersten Selbst hervorgegangen ist, ist vielfach neben innerem seelischen Schmerz mit zahlreichen äußeren – gesellschaftlich, sozial und finanziell-relevanten Einbußen verbunden. Nicht wenige scheuen den radikaleren Weg einer eindeutigen Entscheidung.

Es dürfte klar sein, daß eine Entscheidung in die eine oder andere Richtung Zeit braucht und oft erst durch intensive geistliche oder therapeutische Begleitung letztlich durchführbar ist.

d.) Bei vorübergehenden Beziehungen in einer schwierigen Lebensphase

Für Zölibatäre, die vorübergehend in einer bestimmten schwierigen Phase ihres Lebens sexuelle Beziehungen unterhalten, ist es wichtig, in dieser Zeit nicht alleingelassen oder verachtet zu werden. Sie brauchen Verständnis und Unterstützung ihrer Freunde, Mitbrüder und Mitschwestern. Geistliche Begleiter, Berater oder auch Therapeuten können für sie eine Hilfe sein bei ihrem Bemühen, sich endlich einmal mit der eigenen Sexualität auseinanderzusetzen, sie zu verstehen, zu akzeptieren und in das gesamte Leben zu integrieren. Mitbrüder und Mitschwestern können eine Stütze sein, indem sie sich nicht von dem Mitbruder isolieren, der sich in einen anderen Menschen verliebt hat oder auch mit ihm eine sexuelle Beziehung unterhält. Hier ist es wichtig, daß sie weiter zu ihm stehen und ihn nicht einfach aufgeben, in der Meinung, daß er sowieso seinen Beruf aufgibt, was sehr schnell zu einer sich selbst erfüllenden Prophetie werden kann.

Diese verständnisvolle und hilfsbereite Haltung sollte eingebunden sein in die weitergehende Aufgabe, den betroffenen zölibatären Frauen und Männern zu helfen, die gemachten neuen Erfahrungen für ihren Wachstums- und Reifungsprozeß zu nutzen und, wenn die Voraussetzungen dafür gegeben sind, mit der Zeit wieder zu einem zölibatären Lebensstil zurückzufinden. Die Auseinandersetzung mit der eigenen Sexualität kann zu einer erneuerten, jetzt auch geerdeten Entscheidung führen, zölibatär zu leben.

e.) Bei sporadischen sexuellen Kontakten und Erfahrungen

Wenn die sporadische sexuelle Aktivität unter zölibatär Lebenden auf emotionale Unreife, Zwang, Triebbestimmtheit oder Psychopathologie zurückzuführen ist, kann nur eine intensive psychotherapeutische Begleitung und gegebenenfalls auch medizinische Behandlung weiterhelfen. Das sexuelle Verhalten kann hier oft Ausdruck einer tieferliegenden psychischen Beeinträchtigung sein.

Wenn Depression oder Überarbeitung die entscheidenden Gründe sind, die jemanden veranlassen, sich auf flüchtige sexuelle Begegnungen einzulassen, kann es hilfreich sein, das Repertoire an Ausgleichsmöglichkeiten zu erweitern. Das gilt auch für die unter zölibatär Lebenden stark verbreitete Selbstbefriedigung, sofern ihre Ursachen vor allem auf Frustration, depressive Stimmungen oder Überarbeitung zurückzuführen sind.

In solchen Situationen kann es wichtig sein, dieses Verhalten offen und nicht beschönigend anzuschauen. Dieses Hinschauen kann aufrecht geschehen. Man nimmt etwas zur Kenntnis, schaut es sich an, stellt es in Zusammenhang mit seinen Idealen, seiner augenblicklichen Situation, seiner Lebensgeschichte. Man tut das nicht geknickt, sich selbst beschuldigend und heruntermachend. Wenn man aber hinschaut, versetzt man sich in eine Situation, die es einem ermöglicht, aus diesem Verhalten etwas zu lernen. Man mag dann herausfinden, daß diese Praxis der Sexualität eine Art Ersatzhandlung ist, mitunter eine Ersatzhandlung für die eigentlich ersehnte tiefe Beziehung zu einem Menschen. Oder man mag für sich feststellen, daß bei allem Bemühen und Willen, diese Seite in sich umzuwandeln, auf eine andere als sexuelle Weise zum Ausdruck zu bringen, einem das noch nicht gelingt, man sich noch auf dem Weg befindet. Eine solche Sichtweise kann helfen, konstruktiv damit umzugehen, auszuloten, was einen weiterbringen könnte, seinem Ideal – auf die genitale Sexualität zu verzichten – näher zu kommen.

In solchen Situationen kann es auch helfen, sich zu fragen, was ist in der letzten Zeit in meinem Leben zu kurz gekommen? Was belastet mich augenblicklich? Wie bekomme ich wieder mehr Leben und Buntheit, Saft in mein Leben? Wie intensiv erlebe ich augenblicklich meine Beziehung zu Gott? Ist sie lebendig oder eher leer und trocken? Alle diese Fragen können aus einer offenen Auseinandersetzung mit der Sexualität entstehen und den einzelnen motivieren, darauf aufbauend, mit dieser Erfahrung positiv und konstruktiv umzugehen.

In der Sexualität kann sich unser Wunsch nach orgastischer, ekstatischer, lustvoller Erfahrung Ausdruck verschaffen. Es wird uns um so mehr danach drängen, je weniger wir sonst in unserem Leben Lust, Freude, Ekstase zulassen. Sieht man es als ein Ziel an, die genitale Sexualität zu überwinden oder sie in eine für den einzelnen akzeptablere Form in sein Leben zu integrieren, dann kann helfen, danach Ausschau zu halten, wo sich im augenblicklichen Leben Möglichkeiten anbieten, Freude, Lust, Ekstase zu erleben und zu erfahren. Man mag es im sportlichen, ästhetischen, kulturellen Bereich finden. Man mag im Zulassen seiner kreativen Fertigkeiten Erfahrungen machen, die einen befriedigen, in einem Freude und Lebendigkeit zum Leben erwecken. Man mag die ersehnte Lust und Freude im Genießen von etwas, das einem gut tut, in der erquickenden Erfahrung eines Spazierganges durch die Frühlingslandschaft, im Toben auf der Wiese, im vergnügungsvollen Schwimmen im Meer erfahren. Das sind dann nicht jene berühmten Alternativvorschläge alter Schule, die zur Überwindung des sexuellen Verlangens die kalte Dusche, das wilde Fußballspiel oder, so wörtlich der damalige Präfekt der Glaubenskongregation, Kardinal Pizzardo im Gespräch mit Marc Oraison, Spaghetti und Bohnen empfehlen.

3. Verständnis und Herausforderung

Auch wenn ich glaube, daß es möglich ist, zölibatär zu leben, weiß ich, daß es nicht einfach ist. Viele – wenn nicht die meisten – werden das Ideal nie erreichen. Hier trifft das zu, was auch bei Verheirateten beziehungsweise Männern und Frauen, die in einer festen Partnerschaft leben, festzustellen ist. Zölibatär zu leben oder in Partnerschaft zu leben, ist eine Lebensaufgabe, bedarf des ständigen, mitunter täglichen Einübens und Bemühens und kennt Gelingen und Scheitern, Vorankommen und Zurückfallen, Glück und Schmerz.

Ich vergesse in keinem Moment diese Wirklichkeit, komme ich doch als Psychotherapeut im besonderen Maße mit der Wirklichkeit zölibatären Lebens in Berührung und der Not, die entsteht, wenn Ideal und Wirklichkeit auseinanderklaffen. Gerade weil ich darum weiß und mir viele Männer und Frauen, die sich bemühen, zölibatär zu leben, ihr Herz geöffnet haben, sie mich an ihrer Not, an ihrem Kampf, an ihrer Hoffnung und Enttäuschung, an ihrem Gelingen und Scheitern im Bemühen, zölibatär zu leben, teilhaben ließen, ist es mir fern, mit dem, was ich zum zölibatären Leben und was dabei meiner Ansicht nach zu beachten ist, sage, jemanden zu bewerten, gar den moralischen Zeigefinger zu erheben. Das ist nicht meine Aufgabe.

Dieser grundsätzliche Respekt vor Männern und Frauen, die versuchen, zölibatär zu leben, aber dabei an ihre Grenzen kommen und auch scheitern, kann mich aber auf der anderen Seite nicht davon abhalten, deutliche Worte zu finden, wo ich sie für angebracht erachte, um meine Sichtweise darzustellen. Hier will ich auch nochmals unterscheiden zwischen dem Therapeuten, der im therapeutischen Prozeß einfach für den anderen da ist, ihm in aller Offenheit und Unvoreingenommenheit begegnet und alles ihm Mögliche zuläßt, so, daß der Ratsuchende sich uneingeschränkt zeigen und eröffnen kann, *und* dem Versuch, einige Erkenntnisse und Einsichten zum zölibatären Leben, die auch auf dem Hintergrund therapeutischer Erfahrungen entstanden sind, eher grundsätzlich darzulegen. Das gilt auch dann, wenn darin möglicherweise eine Richtung und Einstellung deutlich wird, die zunächst den Eindruck erwecken mag, einzelnen in ihrer Situation nicht genügend Verständnis und Annahme entgegenzubringen.

Dazu kommt, daß ich kein gutes Gefühl habe, wenn Einstellungen und Verhaltensweisen im Bereich des zölibatären Lebens, die auch einer kritischen Würdigung, auch der Herausforderung der Konfrontation bedürfen, zu schnell in den Mantel des Verstehens und der Annahme eingewickelt werden, und das auf Kosten einer offenen und ehrlichen Auseinandersetzung damit. Nach meiner Erfahrung zahlt sich das letztlich nicht aus, macht sich der einzelne oder die einzelne etwas vor, leisten jene, die zur Verharmlosung und anscheinend großzügigem Hinwegsehen beitragen, den Betroffenen keinen guten Dienst. Wo in der Konfrontation die Fürsorge, die Zuneigung und die Solidarität durchscheinen und mit beteiligt sind, wird die Konfrontation für die, die sie betrifft, hoffentlich annehmbar sein und so zur weiteren Auseinandersetzung und damit zum eigenen inneren Wachsen beitragen können.

Diese Konfrontation kann unter anderem auch zum Ziel haben, den einzelnen dafür zu öffnen, zunehmend mit seinem Anteil an der Situation und dabei seiner Verantwortung in Berührung zu kommen und sich ihr zu stellen.

4. Zur eigenen Verantwortung stehen

Ich bin mir bewußt, daß gerade im sexuellen Bereich „spontanes" Verhalten, das mitunter schwer kontrollierbar ist und aus aktueller innerer Befindlichkeit und äußerer Situation her entstehen kann, häufig anzutreffen ist. Auch kann es im Zustand beispielsweise des Verliebtseins, gar des unsterblich Verliebtseins zu Verhaltensweisen kommen, denen gegenüber vernünftige Einwendungen oder auch Einsichten kaum eine Chance haben. Allein, das kann und soll niemanden entbinden, auch in diesen Situationen für sich und sein Verhalten die Verantwortung zu übernehmen, um sich auch den Konsequenzen, die sich möglicherweise daraus ergeben, zu stellen. Solange das nicht geschieht, bleiben es vor allem die anderen, die man verantwortlich macht, oder irgendeine Situation, der man anscheinend machtlos ausgeliefert ist, mit dem Ergebnis, daß man sich selbst heraushält, damit aber die eigenen Entwicklungsmöglichkeiten blockiert.

Wenn ich sage, daß es wichtig ist, immer wieder auch zur eigenen Verantwortung zu stehen, übersehe ich damit nicht die große Not, den Schmerz, das Leid, auch Liebesleid vieler zölibatärer Männer und Frauen, die in Beziehungen leben, die oft selbst unsäglich unter inneren und äußeren Zwängen leiden, gerne herauswollen, aber sich als dazu unfähig erleben oder einfach keinen Ausweg wissen. Sie spüren oft, wie sie sich selbst aufreiben, sich immer wieder an den engen inneren und äußeren Grenzen stoßen und verletzen. Die Kraft oder Bereitschaft, innerlich zu wachsen oder äußerlich die Situation so zu verändern, daß die sie einengenden Bedingungen dadurch beseitigt würden, fehlt ihnen, beziehungsweise sie trauen sich das nicht zu.

Nach Richard Sipe (1992, 94f.) ist tiefe Selbsterkenntnis für jene, die den Zölibat anstreben, unerläßlich. „Die Verleugnung ist der größte Feind des Zölibats... Der Zölibatär muß sich seinen körperlichen und geistigen Vorzügen und Nachteilen aufrichtig stellen. Nur eine tiefe Erforschung der eigenen, persönlichen Entwicklung und sein Bewußtsein können den täglichen Kampf in die richige Perspektive halten." Eine Person aber, die letztlich nicht um sich weiß, die nicht mit den wesentlichen Strebungen und Kräften in Berührung ist, ist in ihren Fähigkeiten und Möglichkeiten wirklich auszumachen, welches ihr Weg ist, eingeschränkt. Und sie ist eingeschränkt in ihren Möglichkeiten und Fähigkeiten, einen erwählten Weg stetig, in Ausgeglichenheit und mit Disziplin zu hegen und wirklich zu ihrem Lebens-Weg zu machen. Die Folge mag dann oft sein, daß weder ein zölibatärer noch ein ehelicher Weg in seiner ganzen Breite und seinen Vorzügen und Nachteilen erfahren werden kann und das ganze Leben eine Gebrochenheit durchzieht, bei der die Gebrochenheit „festgeschrieben", manchmal auch überhöht oder auch einfach zu schnell mit der uns allen eigenen Gebrochenheit an sich entschuldigt wird.

Man kann natürlich auch – wie es immer wieder getan wird – sagen, die Kirche trage die Schuld daran, daß jemand nur in einer so eingeschränkten Weise seine Beziehung leben kann. Wer das tut, nimmt nicht angemessen zur Kenntnis, daß die Kirche in der Regel klar herausstellt, daß zum Beispiel im Falle des Priesters das zölibatäre Leben eindeutig Teil der Beauftragung ist. Ob die Verantwortlichen für die Ausbildung der künftigen Priester immer auch diese eindeutige Verquickung – Priestersein und zölibatär leben – angemessen berücksichtigen und vor allem, ob neben der Befähigung für die priesterliche Tätigkeit auch die klare Bereitschaft und Befähigung, zölibatär zu leben, die ihr zukommende Beachtung erfährt, steht auf einem anderen Blatt.

Sicher ist aber, daß die Kirche niemanden im Unklaren läßt, daß Priestersein auch heißt, zölibatär zu leben. Wer daher die Kirche für seine eingeschränkte Möglichkeit, eine Beziehung zu leben, verantwortlich macht, muß sich damit konfrontieren lassen, ob er nicht allzu schnell die Aufmerksamkeit von sich selbst weglenkt und sich aus der eigenen Verantwortung stiehlt. Denn hier geht es ja nicht um die grundsätzliche Frage, ob man für den sogenannten Pflichtzölibat ist oder nicht. Hier geht es um die zunächst den jeweils einzelnen betreffende Frage, wie kommt es, daß ich mich auf eine Beziehung einlasse, die ich verheimlichen muß, die ich nicht entwickeln und entfalten kann, obwohl ich von vornherein weiß, daß das aufgrund meiner Situation nicht anders möglich ist.

Wenn ich aber nicht von mir und meiner Verantwortung ablenke, sondern bei mir bleibe, mag ich entdecken, daß mir diese Einschränkung entgegenkommt, daß ich mir gar nicht zutraue, mich auf eine echte, auch alltägliche Beziehung einzulassen. Oder ich muß mir zugestehen, daß ich mir nicht zutraue, auch in einer anderen Aufgabe, einem anderen Beruf, meinen Lebensunterhalt zu verdienen. Oder aber ich muß mir zugestehen, daß ich letztlich die Verpflichtung, zölibatär zu leben, halbherzig in Kauf genommen und diese Seite damit nicht ernst genommen habe, was immer die Gründe im einzelnen dafür gewesen sein mögen. Ich kann dann, wenn zum Beispiel aus einer solchen Beziehung ein Kind hervorgeht, nicht einfach auf die böse Kirche schimpfen, die den Kindern ihre Väter vorenthält. Ich muß mich dann auch fragen, wo ich mich gegenüber meiner Partnerin und meinem Kind schuldig mache, wenn ich durch mein Verhalten zu dieser Situation beitrage, obwohl ich weiß, daß ich als Priester keine Familie gründen kann, es sei denn, ich gebe meinen Beruf auf.

Wer aus religiösen Gründen auf seine genitale Sexualität verzichtet in dem Sinne, daß er auf die orgastische Erfahrung der Sexualität verzichtet, der kann das auf eine gesunde Weise nur tun, indem er sagt, *ich* will das, zum Beispiel im Falle des Diözesanpriesters, weil ich in Übereinstimmung mit meiner Kirche meine Aufgabe so verstehe, daß sie nicht in Einklang zu bringen ist mit einer verbindlichen Beziehung zu einem Partner und dem, was mit einer solchen Beziehung an Zeit, Engagement, Rücksicht und Verantwortung einhergeht. Da die Sexualität nach dem Verständnis meiner Kirche nur in einer ehelichen Partnerschaft Platz hat, verzichte ich auf diese Erfahrungsweise. Das heißt, die sexuelle genitale Erfahrung an sich mag die Verfügbarkeit des Priesters nicht beeinträchtigen. Ihr Verzicht ergibt sich aber wie selbstverständlich aus dem Verzicht auf die Ehe.

Wenn der Verzicht auf die Ehe – zum Beispiel aus Gründen der größeren Verfügbarkeit – dazu führt, daß sich Zölibatäre auf unverbindliche, und da auch sexuelle, Beziehungen einlassen, dann wird hier natürlich auch eine Umdrehung der Werte offenbar. Das gilt auch dann, wenn diese Situation dazu führt, daß die genitale Sexualität beispielsweise vornehmlich in der Selbstbefriedigung erlebt wird, wenngleich das eine Situation ist, die nochmal anders zu sehen und auch anders zu werten ist als sexuelle Beziehungen zu anderen Personen.

Wenn *ich* sage, ich lebe ohne genitale Sexualität, ist das zunächst auch etwas, das mich angeht, wenn ich mich gegen dieses Vorhaben, Versprechen, Gelübde verhalte. Nicht, daß es auch Auswirkungen hat auf meine Beziehung zu Gott, vor dem ich das gesagt oder versprochen habe, oder den Menschen, denen gegenüber ich das veröffentlicht habe. Nur, ich muß in einer solchen Situation nicht mit einem rachehungrigen Gott rechnen, auch sollte ich mich nicht zum Sklaven eines ungesunden Über-Ichs degradieren. Ich muß mich vor allem mir selbst stellen, muß mich mit mir auseinandersetzen. Das ist oft schwieriger und verlangt oft mehr Mut als mir ein schlechtes Gewissen „zuzulegen", voller Verachtung auf mich herabzuschauen und reumütig einem vermeintlich auf mich böse gemachten Gott demütig und zerknirscht zu Kreuze zu kriechen. Es verlangt auch mehr Mut, als mich recht schnell mit letztlich unhaltbaren Rechtfertigungen von meiner tatsächlichen Verantwortung, gegebenenfalls auch Schuld, freizusprechen. Ich soll mich auch Gott stellen. Allein das vermag ich letztlich erst, wenn ich mit mir ins Reine gekommen bin, zu meiner Verantwortung und einhergehend damit auch zu meinem Versagen stehe. Das kann und sollte aufrecht geschehen. Dann erst bin ich auch bereit, die ganze Verantwortung dafür zu übernehmen, und ich vermag die ganze mir zur Verfügung stehende Kraft und Kreativität einzusetzen, um mein Verhalten zu ändern.

EPILOG

> Mir will scheinen, daß die Vorstellungs-
> schemata, mit denen man sich das Ewige
> Leben zu verdeutlichen sucht, meist
> wenig zu der radikalen Zäsur passen, die
> doch mit dem Tod gegeben ist.
>
> *Karl Rahner*

Ein wirklich von Herzen kommendes Ja zum zölibatären
Leben ist wichtig, damit es lebbar ist, eine Weise darstellt,
gesund, auch psychisch gesund und verantwortet zu leben, darin etwas Positives, Lebensbejahendes zum Ausdruck kommt,
um dann auch – und eigentlich nur so – ein überzeugendes,
wenn auch provozierendes Zeugnis für etwas zu sein, das über
den Tod hinausgeht.
Dabei kann es nicht nur darum gehen – so sehr das wichtig ist –,
daß das zölibatäre Leben für andere ein Zeichen für etwas ist,
das über den Tod hinausgeht, „ein Zeichen gegen alle Versuche,
die Kirche zu verweltlichen" (Walter Kasper). Es muß vor allem
auch für den, der es lebt, *Ausdruck* von etwas sein, das über den
Tod hinausgeht. Es muß für ihn, sie selbst eine – radikale – Ausdrucksweise ihres Glaubens sein an etwas, das über den Tod
hinausgeht. *Ich* will im Verzicht auf die kaum überbietbare
Nähe, wie sie in der sexuellen Intimität gegeben sein kann, im
Verzicht auf die ekstatischen, auch lustvollen Erfahrungen der
sexuellen Begegnung, im Verzicht auf das Gewaltigste, das mit
der sexuellen Vereinigung einhergehen kann, der Zeugung von
Kindern, den Rahmen des Üblichen, Selbstverständlichen,
Natürlichen bewußt sprengen. Diesen Rahmen ver-rücken,
damit etwas von jener Dimension hereinstrahlen kann, für die

ich in aller Unzulänglichkeit stehe, auf die ich in aller Erbärmlichkeit hinweisen möchte. Damit etwas von dieser Dimension das Übliche, Normale, Natürliche in ein neues Licht taucht. Mein Verzicht auf gelebte Sexualität bedeutet dabei kein Nein zur Sexualität. Es ist vielmehr Ausdruck eines uneingeschränkten Ja dazu. Einschließlich des Ja zu meiner Sexualität, mit der ich als Zölibatär in Kontakt und in Berührung sein muß, ist sie doch mit ein entscheidender „Träger" meines zölibatären Lebens. Sie ist die Kraft, die mich nach vorne gehen läßt, mich den Rahmen des Üblichen sprengen läßt, mir beim Ver-rücken der Perspektiven hilft. Ohne sie, die Sexualität, verlassen mich die Kräfte, fehlen mir die Säfte, die ich benötige, das zu leben, das über den Tod hinausweist: Zölibatär zu leben. Meine Sexualität ist zugleich auch (mit) die Kraft, die mir beim Weg in meine Tiefe hilft, mich weit, weich, durchlässig, verwundbar werden und sein läßt. Es ist (mit) die Kraft, die mich zu Gott hindrängt, die meine Ursehnsucht nach Vereinigung am Leben erhält, zu ihrer Verwirklichung beiträgt, indem sie den mystischen Grund in mir zur Entfaltung bringt, mich dabei etwas von dem erahnen läßt, für das ich lebe, Zeichen sein will.

Dieses Ver-rücken, ja dieses Verücktsein ist Teil der Berufung des Zölibatären. Ein solches Zeichen aber kann eigentlich nur etwas Verrücktes sein, etwas, das aus dem Bereich, der für eindimensional denkende Menschen gilt, für richtig erachtet wird, verrückt worden ist, verrückt werden muß, um die Eindimensionalität zu sprengen. Ich gebe zu, es mag oft schwer sein, für verrückt erklärt zu werden. Aber wer als Zeichen für etwas lebt, das über den Tod hinausgeht, der verrückt sehr vieles, der ist ver-rückt.

Wer Karl Rahners Gedanken zu der Erfahrung der Erwartung des Kommenden vernommen hat, der weiß und spürt zumindest soviel, daß selbst ein lediglich anfanghaftes Erahnen dessen, was das heißt, alle unsere Denk- und Erfahrungsdimensionen übersteigt und auf den Kopf stellt. Verglichen damit ist selbst das ehelose Leben ein blasses Zeichen dafür. Aber es ist eines und offensichtlich ein nicht unwirksames. In so mancher Auflehnung dagegen zeigt sich, daß es sehr wohl als eine Provokation erlebt wird, vor allem bei jenen, die davon überhaupt nicht direkt betroffen sind, für die die Vorstellung eines Lebens nach dem Tod mindestens genauso verrückt ist wie zölibatär zu leben. Ein Leben ohne eheliche Beziehungen und ohne explizit sexuelle Beziehungen aus religiösen Motiven heraus und als Ausdruck einer kirchlich öffentlich anerkannnten und gültigen Lebensform muß sich einer offenen und kritischen, eigenen und von außen kommenden Auseinandersetzung stellen. Es muß, will es vor den Augen Gottes bestehen können, auch vor den Augen der Mitmenschen standhalten können, solange die dieser Auseinandersetzung impliziten Fragestellungen darauf abzielen, zu gewährleisten, daß dieses Leben ein Ja zum Leben darstellt und darin die für die jeweilige Person angemessene Weise besteht, persönlich emotional, geistig und spirituell zu wachsen. Zugleich aber ist das zölibatäre Leben eher einer Ikone vergleichbar, denn einem Bild, einem Porträt oder einer Fotografie (vgl. Schneiders 1986,118). Was es bedeutet, läßt sich nicht so schnell erkennen wie es ein Blick auf eine Fotografie möglich machen kann. Will ich seine tiefere Bedeutung verstehen, zumindest mehr davon erfassen, etwas davon erspüren oder erahnen, bedarf es einer tieferen Betrachtungsweise, eines Schauens, das dafür offen ist, etwas von seiner auch geheimnisvollen und tieferen Bedeutung zu erfassen. Das vermag ich aber nicht, wenn ich dabei nur meinen Kopf, Intellekt, meinen analytischen Scharfblick einsetze, weder für mich selbst, wenn ich als Zölibatär lebe, noch als Außenstehender. Wer auf der Suche nach einer Fotografie über den Zölibat ist, wird über ein vordergründiges oder oberflächliches Bild davon nicht hinauskommen. Allein „wer es fassen kann, der fasse es".

LITERATUR

Johannes Cremerius, „Das ist großes Unrecht". Interview mit
dem Psychoanalytiker Johannes Cremerius über die Beziehung zwischen Therapeut und Patienten, in: Der Spiegel,
Nr. 35, 31. August 1993

Erik Erikson, Kindheit und Gesellschaft, Stuttgart 1965

Erik Erikson, Jugend und Krise, Frankfurt 1981

Erik Erikson, Der vollständige Lebenszyklus, Frankfurt 1988

Paul K. Feyerabend, in: Joachim Jung, Ein Feind aller Zwänge,
Süddeutsche Zeitung Nr. 87, 16./17. April 1994

Sigmund Freud, Werkausgabe in zwei Bänden, Bd.2,
Frankfurt 1978

Donald Goergen, Sexual Celibate, Garden City 1979

Benedict Groeschel, The Courage to be Chaste,
New York 1985

Anselm Grün, Ehelos – des Lebens wegen,
Münsterschwarzach 1989

Anselm Grün, Gott suchen – sich selbst finden, in: Der Kreis,
hrsg. vom Egbert-Gymnasium u.a.,
Münsterschwarzach 1992

Mary Anne Huddleston (Hg.), Celibate Loving. Encounter in
Three Dimensions, New York 1984

Charlotte Kerr, Die Frau im roten Mantel, München 1992

John Allen Loftus, Sexual Abuse in the Church. A Quest for
Understanding, Aurora, Ontario 1989

Albrecht Mahr, Sexualität und Spiritualität – nach der „sexuellen Befreiung", unveröffentlichtes Manuskript, o.J.

Abraham Maslow, Motivation and Personality,
New York 19702; dt.: Motivation und Persönlichkeit,
Reinbek 1981

Rollo May, Love and Will, New York 1969; dt: Liebe und
Wille, Köln 1988

Rollo May, Freedom and Destiny, New York 1981

Rollo May, The Discovery of Being, New York 1983

Thomas Merton, Verheißungen der Stille, Luzern 1951

Wunibald Müller, Keuschheit und die menschliche Sexualität.
Ein spannungsreiches Verhältnis, in: Kath. Sozialethische
Arbeitsstelle, Keuschheit – verantwortete Sexualität,
Heft 11, Hamm 1990

Wunibald Müller, Intimität. Vom Reichtum ganzheitlicher
Begegnung, Mainz 1990

Wunibald Müller, Nachwort: Selbst-Verwirklichung als Priester,
in: Guntli, Erich, Laudes – Selbsterfahrungen eines
Klerikers, Regensburg 1993

Henri Nouwen, Intimacy. Pastoral Psychogical Essays, Notre
Dame, Indiana 1969; dt.: Nähe. Sehnsucht nach lebendiger
Beziehung, Freiburg 1991

Henri Nouwen, Du bist der geliebte Mensch, Freiburg 1993

Scott Peck, The Road less Travelled, New York 1978

Carl R. Rogers / Peter Schmid, Person-zentriert. Grundlagen
von Theorie und Praxis, Mainz 1991

Sandra M. Schneiders, New Wineskins. Re-imagining Religious
Life Today, New York 1986

Richard Sipe, A Secret World. Sexuality and the Search for
Celibacy, New York 1990; dt.: Sexualität und Zölibat,
Paderborn 1992

Hermann Stenger, Eignung für die Berufe der Kirche. Klärung,
Beratung, Begleitung, Freiburg 1988

Pierre Teilhard de Chardin, Der Mensch im Kosmos,
München 1981

Pierre Teilhard de Chardin, Briefe an Frauen, hg. von
Günther Schiwy, Freiburg 1988

Henry David Thoreau, Walden oder Leben in den Wäldern,
Zürich 1979

Jean Vanier, Heilende Gemeinschaft, Salzburg o.J.